Patrick Sir

林溥來 著

82課早知道

第二版

萬里機構

自序

我爸爸是一位知識分子，從我還小的時候，他就經常叫我坐在旁邊，向我講解各種知識，甚至能把《四書五經》講得生動有趣。當時，我只是坐着聽，沒多想甚麼，但這些道理卻像種子一樣，悄悄在我心裏扎根。他的教導，讓我很早建立了一種成熟的思維模式，也發現這些道理在我長大後非常有用。無論是解決困難，還是保持積極向上的心態，都成了不可或缺的法則。雖然當時很多知識沒特別記錄下來，現在想來有些可惜，但這種「潛移默化」的教導，成為我成長中的重要養分。

後來有了自己的孩子，我開始思考，如何將這些重要但非學術的知識傳給他。畢竟，這些道理愈早知道，愈能發揮作用。但人生無常，如果有一天我突然離開人世，這些有用的知識豈不是來不及傳授？所以，當出版社和我聊起有否出書靈感時，我第一時間想到：為甚麼不寫一本像和長大後的兒子對話的書，把這些「愈早知道愈好」的道理記錄下來呢？

這本書的靈感，除了來自我的父親，也來自我多年來的閱讀習慣。我大學畢業後開始瘋狂閱讀，涉獵不同領域，並習慣記下書中的啟發。我發現，成功雖然沒有固定公式，但許多成功人士的核心思維出奇一致。這些共通的思維模式，不僅讓我受益良多，也成了我希望傳遞的重要內容。

書讀多了之後，反而不太喜歡長篇大論。所以這本書精簡明快，每一課都能獨立閱讀，不需要按順序，隨時翻閱即可。裏面還引用了不少書籍和名人言論，而引用得最多的，都是我的思維偶像。這 82 課，就像用 82 天，每天和兒子分享一點智慧一樣，簡單、直接，但充滿力量。

無論你現在幾歲，我相信，每個人都需要進步。如果你能從這本書中找到一兩條值得記住的道理，並帶着它走下去，那麼這本書的使命就已經完成了。

林溥來 Patrick Sir

目錄

第三章 / 目標之道：規劃與實現的力量

第四章 / 人際之道：選擇與連結的哲學

第五章 / 智慧之道：決策與洞察的啟示

第一章

成長之道

從內而外的蛻變

01

少研究別人，
多提升自己。

Shift your focus from others to yourself.

在當今社會，我們時常陷入對他人生活的觀察與比較中，卻忽略了自身成長的重要性。互聯網和社交媒體的普及，讓我們隨時可以窺探他人的生活，無論是風光、悲慘，還是八卦是非。這種過度關注他人的習慣，無形中分散了我們對自己人生的精力，讓我們停滯不前。

特別是在「KOL 文化」盛行的時代，許多人過分依賴他人的觀點，忘記了建構自己的分析能力。見別人做甚麼，就盲目跟隨，害怕與所謂的「潮流」脱節，錯誤地只着眼於短期的優越感。然而，真正的進步並非來自模仿他人，而是我們對自己的持續提升。

當我們放下對他人成功的羨慕與妒忌，專注於自身的成長時，才能真正發揮每個人都擁有的獨特價值。這種成長並非憑空而來，而是源於對自己的深入了解，認清自己的強項、興趣和理想，從而制定自己專屬的「進步藍圖」，而不是模仿他人。

時間是不斷溜走的，浪費在研究別人上，對自己毫無益處。相反，把握時間，盡早開始專注於自我提升，才能在「複式效應」的作用下實現長期的累積，愈早實現更高的目標與夢想。關注他人使你變弱，專注自己使你變強。

愛爾蘭著名詩人及作家 Oscar Wilde 曾說：「做自己，因為其他人都已經有人做了。」(“Be yourself; everyone else is already taken.”) 世上只有一個你。認真做自己。認真做一個更好的自己。

02

正規教育會讓你謀生，自學才會讓你發財。

Formal education will make you a living;
self-education will make you a fortune.

這句從網絡上看到的說話看似通俗，但其實坦率直白，道出了學習與個人發展之間的深刻關係。

正規教育的價值在於為我們奠定基礎。學校教會我們基本的語言、數學、科學和社會學科知識，這些構成我們理解世界的工具。然而，僅靠這些工具或許能幫助我們找到一份安穩的工作，但未必足以實現財務自由或個人夢想。簡單來説，正規教育教我們如何「生存」，卻未必教我們如何「繁榮」。

就像每位廚師都需掌握基本的食材知識、烹飪技巧和刀工技術，但能成為名廚的，往往是那些在基礎之上持續自我學習與鑽研的人。他們的成就，源於極高的自學能力。

因此，教育的核心，在於學會學習（learn to learn），讓自己具備隨時掌握新知識或技能的能力。無數成功人士，正是靠着持續學習而脱穎而出。相對而言，那些滿足於學校教育的人，往往在離開校園後停止學習，結果無法跟上這個日新月異的時代腳步。

航天科技企業 SpaceX 創辦人 Elon Musk 被問及他如何學習製造火箭時，就説過一句名言：「我閱讀。」他表示自己從未正式接受過火箭科學課程，而是透過廣泛的研究、自學以及與該領域專家的交流學習了基礎知識。

他亦多次在訪談中強調，自己是在書籍的薰陶下長大的，喜歡廣泛閱讀，尤其是科幻小說、傳記、商業和技術方面的書籍。

自學是一種主動學習的過程，需要好奇心與自律。好奇心引導我們探索未知，自律則保證我們能持之以恆。當自學成為習慣，世界便會為我們打開更多可能性。

03

好好運用妒忌心，
讓它成為推動自己的力量。

Harness your envy and turn it into motivation.

很多人會因羨慕或妒忌別人的成功而感到不快樂，但妒忌並不是壞事。關鍵在於如何運用它：與其讓妒忌吞噬我們，不如將它轉化為追求進步的動力。

我小時候家境比較貧困。在小學四年級時，我從橫頭磡屋村的小學考進了九龍塘的名校小學。身邊的新同學家境富裕，他們用的鉛筆、擦膠、穿的波鞋、衣物，全都讓我羨慕不已。尤其每次受邀到朋友家中參加生日會，那些豪宅的氣派讓我大開眼界，也讓我深感自己與他們的差距。這些羨慕並沒有讓我氣餒，反而促使我觀察和學習，了解他們的父母從事甚麼行業、如何建立財富，並以此為目標。

多年來，我一直以許多優秀的人為榜樣，內心建立起一種「崇優」的心態，令自己不斷進步。我明白，要從一個窮小子變為成功人士，絕對需要長遠的目光和堅定的毅力。對我來説，妒忌別人的優越並非憤恨，而是一股激發我前進的動力。

妒忌能揭示我們內心真正渴望的東西。它是一種信號，告訴你甚麼是你在乎的。如果你羨慕他人的成就，這就是一個反思的機會：我是否渴望擁有他們所擁有的？如果是，那我是否願意為之努力？

正如著名諮商心理師 Lori Gottlieb 在其著作《也許你該找人聊聊》（*Maybe You Should Talk to Someone*）中

說：「追隨你的嫉妒，它會告訴你想要甚麼。」（"Follow your envy, it shows you what you want."）

妒忌並非一定就是壞事，只要正確掌控，小心不被反噬，它便能引領我們走向更高的成就和智慧。

04

成功需要很多必要條件，
而最重要的是「渴望進步」。

'The desire to improve' beats all the essentials to becoming successful.

「成功」這個詞，對不同人來説有着不同的定義。它可以是企業家建立生意王國，也可以是科學家為世界帶來重大改變；可以是受萬人景仰的慈善家，也可以是讓世界讚嘆的運動員，甚至是改變歷史的革命者。

分析成功的因素時，我們經常列出許多「必要條件」，如良好的教育、人脈、天賦、堅毅或機遇等。這些因素固然重要，但沒有一個比「渴望進步」更關鍵。成功的人，不論背景如何，都有一個共通點：內心始終渴望進步，並以此驅動自己不斷前行。有了這份心態，其他條件才能發揮作用。

小時候，我們的身體會自然長高，隨着時間推移變得更強，能應對更多挑戰。然而，成年後，許多人會不自覺地認為心理、精神和思維的成長也會自然而然地發生。事實卻並非如此。如果我們不刻意學習、不主動吸收知識，唯一增長的只有年齡，而非能力或智慧。

「渴望進步」是一種內在驅動力。它推動我們學習、修正、超越自我，同時保持謙虛，明白再成功也有進步空間。擁有這種心態的人樂於接受建議和批評，並以開放的態度迎接挑戰。正如 Carol Dweck 在《心態：新成功心理學》（*Mindset: The New Psychology of Success*）中提到，擁有成長型心態（growth mindset）的人，相信能力與智慧可透過努力提升，而非固定不變。只要保持這份渴望，每一天都能成為比昨天更好的自己。

想實現心目中的成功？我們必須有意識、有目的，甚至瘋狂地設法令自己進步。

05

從小開始，
邁出小步。

Start small and take small steps.

我們都知道哪些行為能讓自己進步，但真正困難的往往不是知道該做甚麼，而是如何行動起來。很多時候，我們遲遲無法開始，是因為一種無形的壓力，來自對快速達成目標的期待，覺得非要「做到足夠好」才值得開始，結果遲遲無法邁出第一步。

我曾鼓勵一位從不閱讀的學生嘗試改變習慣。對於不愛閱讀的人，一想到閱讀，就會聯想到一本厚厚的書，滿滿的字，既枯燥又艱難，難以起步。於是，我建議她每天只讀 3 分鐘，讀甚麼都可以，只要是自己感興趣的內容。重點是，讀完 3 分鐘就立刻放下書本。結果，她發現這個方法非常有效。一星期後，她習慣每天閱讀 15 分鐘。一個月後，她甚至不自覺地每天閱讀 30 分鐘。從小步開始的威力，讓她輕鬆養成了閱讀的習慣。

又假設我們想減肥，並知道每天運動 30 分鐘非常有效，但這樣的「完美目標」可能成為一種束縛，讓我們遲遲無法開始，或難以堅持下去。相反，如果先設定「必可起動」的小目標，例如每天先完成 5 分鐘運動，持續的可能性就會大幅提高。而即使每天只運動 5 分鐘，也足以為身體帶來顯著的正面改變。

所有的重大改變，都是從小開始。小步容易重複，而每天重複那些看似微不足道的小事，最終會產生驚人的效果。正所謂「移山的人，從搬走小石頭開始。」（“The man who moved a mountain begins by carrying away small stones.”）

雖然《愚公移山》的故事是虛構的，但它傳遞的精神和方法卻千真萬確。

06

為自己尋找一個
優秀的人生導師。

Finding yourself an inspiring life mentor.

回顧歷史，幾乎所有成功人士都表示，自己受到至少一位人生導師所影響。Bill Gates 在事業初期深受 Warren Buffett 的智慧啟發；Steve Jobs 也曾提到，蘋果創業初期，他受惠於英特爾創辦人 Andy Grove 的建議和啟迪；甚至孔子，也曾說過他從古代聖賢中汲取智慧。

這些例子告訴我們，成功並非完全依賴個人天賦，人生導師的經驗和指導，能讓他們站在巨人的肩膀上，看得更遠。

著名媒體人和企業家 Oprah Winfrey 在不同的訪談中，多次提到人生導師對她的深遠影響。她認為一位真正有助於你的人生導師，就是那個能讓你看見希望、啟發你發現未來可能性的人，即使連自己也尚未察覺那些可能的存在。她曾說：「我們每個人都需要一位人生導師。當你不相信自己時，這個人依然相信你。」

人生導師的作用在於開拓我們的視野，幫助我們跳脫慣性的思維模式，讓我們少走彎路。

找到一位適合的人生導師是一項值得努力的投資。首先，要明確自己的目標，才能找到與自己價值觀相符的導師。其次，要主動出擊，勇於向那些比自己更有經驗、更有智慧的人請教。最後，要學會謙虛與感恩，珍惜每一次學習的機會。

如果你還未遇上一位真人導師，其實也可以透過閱讀，學習他人的經驗、思想與洞見，讓每一位作者成為自己的啟蒙導師。

未知這本書能否成為你的其中一位良師？

07

快速失敗，快速學習，
並快速再次嘗試。

Fail fast, learn fast and get to try again fast.

大多數人將失敗、錯誤和過失視為弱點的象徵。當他們失敗時，往往感到尷尬或沒面子，並因此拒絕再次嘗試或冒險。然而，許多成功人士有一個共通點：他們將失敗視為進步的必要元素。

他們明白，不斷嘗試而不偶爾失敗是不可能的，因為這是探索旅程的一部分。當他們遇上失敗時，會問：「為甚麼會發生這種事？我能學到甚麼？我如何從中成長？」

世界頂尖科技公司 NVIDIA 創辦人黃仁勳，曾在史丹福大學的演講中建議，想要成功，必須培養對失敗的容忍度，必須學會快速完成失敗的過程，並快速學習，繼而快速再次嘗試。如果發現是一條死路，則應果斷改變方向。創新需要冒險，冒險需要實驗，而實驗無可避免地會帶來失敗。如果無法容忍失敗，就無法成功。最終，你只會變成一個平庸無趣的人。

你的下一步比你過去的錯誤更重要。不要糾結於過去的失敗，而應將注意力放在當下可以做出的積極選擇上，利用過去的經驗，制定下一步計劃並付諸行動。真正改變現狀的力量來自於「現在」和「未來」的努力與決策。

一個充滿好奇心且持續成長的人，面對失敗的態度與那些沒有這種心態的人截然不同。維珍集團創辦人 Richard Branson，是著名的英國企業家，以冒險精神與創新經營而聞名，涉足航空、旅遊、音樂等多個領域。他經常強調：「不要為你的失敗感到尷尬，從中學習，然後重新開始。」（“Do not be embarrassed by your failures, learn from them and start again.”）

如果對成功的渴望夠大，每次失敗所謂的「沒面子」，根本就微不足道。

08

多做一步，
超越期望。

Go the extra mile,
and exceed expectations.

你是否曾在完成某件事後，心想：「這樣應該已經夠了吧」？但如果再多做一點呢？或許就是這一點點，把你和其他人區分開來。

例如，工作上，你按時完成了老闆要求的報告，質量不錯。但如果再多加一頁分析，或附上一些圖表，是否能讓老闆對你刮目相看？這不僅是為了贏得稱讚，更是為了讓自己突破界限。

在人際關係中也一樣。朋友生日，你送了禮物，已經表達心意。如果再加上一張手寫卡片，或親自送上，那份心意會變得更溫暖動人。

「多做一步」並非畫蛇添足，也不是追求完美而吹毛求疵，而是一種智慧的投入。重點在適可而止，提升整體價值，並非浪費時間在無意義的細節上。這「一步」，是一種態度，代表願意超越期望的嘗試。

其實，多做一點點，未必需要花費太多時間或精力。有時，只是多問一句、多想一步、多加一點細節，就能帶來意想不到的效果。可能是一個升職機會，可能是一段更深厚的友誼，甚至是一份從未預料的滿足感。

著名美國心靈導師 Dr. Wayne Dyer 曾說過：「願意多走一步的地方，從來不擁擠。」（"Go the extra mile. It's never crowded there."）這句話提醒我們，願意多付出的人，更容易進入少有人能及的領域。而這額外的努力，正是讓你被看見、價值被認可的關鍵。

大多數人只完成最低要求，而那些願意多做一步的人，不僅讓自己與眾不同，也為自己開啟了更多可能性的大門。

09

想成功，
一切由自律開始。

To succeed,
it all starts with self-discipline.

在這個充滿競爭的世界裏，人們總是追求聰明才智，希望以天賦和靈光乍現贏得成功。然而，真正讓人脫穎而出的，從來不是短暫的僥倖，而是日復日的規律努力。聰明或許能讓你起步更快，但唯有自律，才能助你在人生的長跑中堅持到終點。

世界上許多成功人士的經歷都證明，規律是成功的基石之一。作家村上春樹每天早上 5 點前起床寫作，然後跑步或游泳，他表示這種自律的生活方式讓他能夠持續高效地創作；科技界領袖 Bill Gates，多年來保持每天閱讀至少一小時的習慣，並表示這種紀律幫助他不斷學習和進步；NBA 球星 Kobe Bryant 曾説：「你知道凌晨 4 點的洛杉磯長甚麼樣嗎？我知道。」他每天在大部份人仍然在睡夢中的時候就起床訓練，極端的規律性讓他成為籃球場上的傳奇。他們的成功背後，並非僅靠天賦，而是規律和紀律的力量。

有人認為自律是束縛，但事實恰恰相反。當你養成良好的習慣，例如每天早睡早起、定時運動、有系統地學習或儲蓄投資，假以時日，你會發現自己的時間更充裕，身心更健康，財務更穩健。規律並非讓生活千篇一律，而是讓你掌控生活，從而獲得真正的自由。

規律的力量在於它不需要你每次付出巨大努力，而是強調持續性。即使每天的改變微小，只要日積月累，長期的效益便無可估量。努力培養自律，從小事做起。

緊記股神 Warren Buffett 的説話：「我們不需要比其他人更聰明，我們只需要比其他人更有規律。」（“We don’t have to be smarter than the rest. We have to be more disciplined than the rest.”）

10

發揮重複的力量。

Harness the power of repetition.

很多事情表面上看似大同小異，但當達到真正的高水平比拼時，比拼的就是細節，勝負往往取決於那些幾乎難以察覺的細微差異。這些差異，也許只是刀工的精準度多出一點點，投籃的弧線稍微調整，或是演講中停頓的節奏拿捏得更恰到好處。然而，這些細微之處，正是成為卓越的關鍵。

被譽為「壽司之神」的小野二郎通過多年如一日的刀工訓練，將每一片壽司切割得完美無瑕；NBA 球星 Stephen Curry 憑藉數千次投籃練習，微調每一次的出手角度與時機，成為史上最佳射手之一；美國知名演講家及主持人 Les Brown 通過不斷打磨演講內容，調整語調和節奏，讓他的演説觸動無數人心。重複是一種極其強大的力量。任何看似平凡的小事，只要帶着思考與目標反覆練習，都能不斷挖掘改進的細節。

稻盛和夫，企業家與哲學家，被譽為「日本經營之聖」。他曾説：「最快的成功方法，就是保持對一件事情的專注，持續不斷地重複與深鑽。」只要你理解時間的複利效應，任何人都能在某個小領域成為佼佼者。當你對某件事的掌握達到如本能般的程度，別人眼中的天賦，其實只是你重複練習的成果。

在《異數：超凡與平凡的界線在哪裏？》（*Outliers: The Story of Success*）一書中，作者 Malcolm Gladwell 提出了「一萬小時法則」。他指出，要在某個領域達到專家或世界級水準，需要投入至少 10,000 小時的刻意練習。

你不需要樣樣精通，只需要將一件事做到極致。

11

想作出任何正面的改變，立刻做！

Want to make a positive change? Do it now!

我們總是在等待「最佳時機」─等準備充足、等條件完美、等恐懼消失。但讓我告訴你一個真相：所謂的「最佳時機」根本不存在。它只是我們為拖延找的藉口，因為我們害怕犯錯、害怕失敗、害怕不確定性。然而，真正的改變從來不是從完美中誕生，而是在行動中不斷調整和修正。

等待完美的時機，只會讓你錯失行動的機會。我見過太多人，因為害怕失敗而遲遲不敢踏出第一步，最終只能在原地打轉。記住，不確定性不是你的敵人，而是促使你成長的催化劑。只有當你勇於面對它，並立即採取行動時，才能真正實現改變。正如 Nike 的口號：“Just Do It!” 這句話之所以能激勵無數人，正是因為它直指核心：行動才是成功的起點！

當你立即行動時，會發現許多意想不到的反饋和機會，這些是在未開始前無法預見的。這些反饋和意外事件，正是幫助你修正方向、加速成長的關鍵。請記住，任何改變的過程都充滿調整和修正，成功從來不是一步到位。與其等待完美的計劃，不如立即行動，讓行動本身成為你的計劃。

最後，我想分享一幅令我印象深刻的圖畫：一位 80 歲的老人對人說：「我現在仍然等待最佳時機開始。」這幅畫道出了拖延的最大悲劇 —— 我們總以為還有時間，卻不知時間早已在等待中流逝。

12

時刻擁有初學者的心態。

Always maintain a beginner's mindset.

為甚麼小孩的學習能力總是比成年人強？我們常說，小孩就像一張白紙，意味着他們的心靈純潔，對新事物充滿期待。這種天然的「虛心」讓他們對知識和技能的吸收力特別強。他們總是毫不設防地接受新事物，學習效能自然比成年人高。

然而，隨着成長，那張白紙早已被七彩繽紛的顏色覆蓋。這些顏色象徵着我們的累積，包括經歷、成敗、感受或思維模式等。雖然就是這些「顏色」讓我們成長，但也令這張紙的空白面積所剩無幾。現實就是，愈豐富的累積，反而使我們愈難察覺不足，從而對新知識失去敏感度。如果這些累積中還夾雜着自負的態度，情況則更加嚴重。

要重新找回「初學者的心態」，其實並不難。這只需要一個簡單的心態轉變：經常提醒自己仍有很多不足，仍有很大進步空間，相信不斷學習是跟上快速變化的世界的關鍵。當心態轉變後，視野就會隨之改變，開始在每件事中尋找可以學習的地方，注意到原本忽略的細節。這就是所謂的「成長思維」。

擁有成長思維的人，會因每一次發現自己的進步而得到無比喜悅，因為他們明白自己正在暗地裏變得更強大。

國際影星梁朝偉在接受香港科技大學頒授榮譽博士學位時，分享的成功秘訣，正是強調「虛心」的重要性：「在每一個項目中，都要時刻把自己當作初學者。這會讓你保持新鮮感，也能避免自負，因為一旦你把自己想像成一個經驗豐富的演員，這種自負就會拖垮你。」

虛心是抵抗自負的最好武器，是持續進步的關鍵。

13

定時停下來反思，
讓成長追上你。

Take time to pause and reflect;
let growth catch up with you.

在忙碌的生活中，人們往往忙於應付工作、家庭、社交及其他義務，卻很少停下來反思自己的生活和成長。然而，反思是實現個人成長的重要一環。

反思能幫助我們重新審視過去的經歷，了解當下的需求，並為未來制定更清晰的方向。正如領導力專家 John C. Maxwell 所言：「反思將『經歷』轉化為『領悟』。」僅僅經歷一件事並不足以令人進步，唯有經過理解事情的原因及其影響，從中獲得領悟，將參與轉化為有目的的學習，才能促進自我成長。

定期反思可以讓我們停下腳步，觀察自己的行為與選擇，發現不足之處，甚至找到遺漏的機會。不僅有助於工作及提升人際關係，亦幫助我們定期更新知識，避免脫節。

我認識一位醫生，他每天專注於繁忙的工作，卻很少停下來審視自己。結果，雖然他醫術高明，幫了很多人，自己卻除了工作外，無暇定期反思生活及人際關係。就好像老鼠被困在籠裏一樣，每天不停在跑輪上跑跑跑，但整體上根本原地踏步，枯燥乏味。這正是缺乏定期反思所帶來的代價。

其實，反思並不需要耗費太多時間。每天 15 分鐘，或每週 1 小時的簡短自省，足以幫助我們調整方向，避免盲目前行。透過這些小小的停頓，我們可以更好地掌握自己的生活，讓成長時刻追趕上我們。

14

你必須「放棄」才能成長。
做出明智的取捨。

You have to 'give up' to grow up.
Make smart trade-offs.

生活中，我們總是被教導要「努力爭取」或「永不放棄」，但很少有人提醒我們，成長的另一面是「學會放棄」。我們需要學會放棄那些讓我們分心，讓我們偏離主要目標的東西。我們的時間和精力都是有限的，專注於真正重要的事物時，才能實現突破。

我身邊就有一位自己創業的朋友，發展教育升學業務，但卻經常忙於出席不同行業的商會、聚會，對不同的生意機會都感興趣，對自己的本業反而投入度不足，事業停滯不前。既然資源有限，試圖追求一切只會讓我們疲憊，難以達到卓越。正如管理學大師 Peter Drucker 在《卓有成效的管理者》*The Effective Executive* 一書中指出：「有效的管理者知道，無法把時間浪費在次要的事情上。他們會選擇放棄那些看似重要但不具價值的活動，專注於真正能帶來成果的事情。」勇敢放棄次要的事物，是成長的關鍵。

所謂次要的事物，當然也包括對物質或享樂的過度追求。我們常受到外界誘惑，渴望財富、名聲或短暫的快樂，但這些慾望反而分散注意力，甚至拖累進步。學會放棄這些慾望，能讓我們更專注、更平靜，全程投入真正重要的方向。這種簡化生活的方式，甚至能減少多餘的壓力。

放棄並不容易，因為我們害怕失去機會或讓人失望。但無論選擇甚麼，都會失去另一種可能性。與其抓住一切，不如專注於最能發揮潛能的領域。這樣雖短期痛苦，卻能帶來長遠收益。

放棄並不是失敗的象徵，而是一種智慧的選擇。明智的取捨需要了解自己的優先事項。當生活變得繁忙，列出清單，問問自己：「甚麼是我當下最應該投入的？」每一次放棄，都是一次減重的機會。

如果你想飛得更高，就必須讓自己更輕盈。

15

專注於使命感，
成功與財富自然隨之而來。

Focus on your sense of mission,
and success and wealth will naturally follow.

有沒有想過，為甚麼許多成功的企業家在談他們的初心或創業動機時，往往不是「想賺更多錢」，但最終卻為他們帶來了成功與財富？

因為驅使他們努力向前、克服困難的動力從來不是對金錢的追逐，而是他們發掘了事物背後的最大價值——使命感。

華為創辦人任正非在創立公司時，據講資本僅有 2.1 萬元人民幣，但他的初衷是提升中國在全球科技領域的競爭力。他說：「我們的目的是為客戶創造價值，而不是單純追求財富。如果一家公司僅僅為了賺錢，它的生命力不會長久。我們必須抓住核心技術，否則國家就會受制於人。」憑着使命感，華為成功突破技術壁壘，就算在外國強烈打壓下，仍成為通信設備領先企業。

1974 年，孟加拉發生飢荒，尤努斯（Muhammad Yunus）以實際行動幫助貧困者。他發現窮人因缺乏抵押物無法獲得貸款，於是他親自向一群村民提供了第一筆小額貸款，總額僅 27 美元，卻幫助他們擺脱了高利貸的束縛。他繼而創立銀行，為貧困人群提供無抵押小額貸款，幫助他們創業改善生活。這模式幫助數百萬人擺脱貧困，他更因此在 2006 年獲得諾貝爾和平獎，被譽為「微型信貸之父」。

賺錢，當然重要，因為穩定的財務是追求理想的重要基礎，但不代表它就是我們做每件事的唯一目的。與其單純追求金錢，不如問問自己：你希望為他人解決甚麼問題？為社會帶來甚麼進步？當你找到答案，並專注於實現它們時，這就是使命感。

使命感能賦予我們更長遠的動力與意義，幫助我們在創造價值的同時，獲得真正的滿足感。而成功與財富，將會成為你努力的自然結果。

第二章

心靈之道

平衡情緒的藝術

16

做一個良好的情緒空間設計師。

Be a great designer of emotional spaces.

室內設計師透過精心的「設計」與「選擇」，為我們打造理想的室內空間，讓我們感到舒適愉快。同樣地，我們也應該成為自己的情緒空間設計師，為自己創造一個能帶來良好情緒的空間。這意味着，我們需要「設計」讓自己開心的生活方式，並「選擇」那些能帶來快樂、進步和自由的環境。

然而，許多人卻對自己的情緒環境沒有多大要求，習慣容忍自己置身於導致負面情緒的「情緒空間」，無論出於漠視或忽視，這其實都是一種非常錯誤的決定。正如懂得享樂人生的蔡瀾先生曾說：「你不會選擇在垃圾站吃飯吧？」其實所有痛苦，都源於待在錯的地方。如果你對現狀不滿，就應該要努力改變它。

無論是生活、工作或社交環境都直接影響着我們的情緒、行為和未來。而「人」正正是環境的重要組成部分，所以選擇合適的「身邊人」至關重要。

與不安感強的人相處，會讓你變得不安；與經常「唉聲嘆氣」的人交往，會讓你「天色陰沉」。相反，積極自信的人，不自覺中會為你注入正能量。所以，我們應主動親近那些能夠提升我們價值的夥伴，並遠離消耗價值的關係。

正如勵志演說家 Jim Rohn 所說：「你是與你相處最密切的五個人的平均值。」（“You are the average of the five people you spend the most time with.”）幸福與否，關乎你與誰相處。選擇對的人，可以為自己創造更好的情緒，打造更好的自己。

17

幽默與笑聲，
是化解壓力的最佳拍檔。

Humour and laughter are the best partners for relieving stress.

美國第 40 任總統 Ronald Reagan 曾在遇刺後被緊急送醫，途中竟幽默地對醫生說：「你們都是共和黨吧？」這句玩笑瞬間緩解了緊張氣氛，展現了幽默在危機中的力量。

在困難時刻，幽默能帶來勇氣與冷靜，幫助我們輕鬆面對壓力。

幽默感能拉近人與人之間的距離，帶來快樂、展現自信，是人群中的焦點特質。這種智慧與修養絕對可以後天培養：多觀察生活中的趣事，凡事看輕鬆一點，甚至懂得適度自嘲。特別是在西方文化中，幽默感被視為高情商的象徵，成為許多女士擇偶的重要條件。

科學研究表明，笑聲能刺激大腦釋放「快樂荷爾蒙」，減輕壓力、改善情緒，即使是假笑也有效。當演講者因緊張説錯話時，若能自嘲一句，往往能讓觀眾一笑置之。這一笑，不僅緩解尷尬，還能增強他人對你的好感。

幽默與笑聲的力量在名人身上展現得淋漓盡致。著名美國脱口秀主持人 Ellen DeGeneres，以機智溫暖的幽默風格贏得觀眾喜愛；前美國總統 Barack Obama，也經常在公開演講中運用幽默化解緊張氣氛。至於人稱「霑叔」的黃霑先生，他憑着富感染力的豪邁笑聲，不僅能化解尷尬場面，還能帶動整個場合的氣氛，讓大家自動輕鬆起來。

笑聲甚至能幫助解決矛盾。夫妻爭吵時，一方若能開個玩笑，往往能讓對方意識到爭吵的無謂，從而平息對立。正如愛爾蘭劇作家 George Bernard Shaw 所言：「你不是因為變老而停止笑，而是因為停止笑才變老。」（“You don’t stop laughing because you grow older. You grow older because you stop laughing.”）幽默與笑聲，無疑是保持身心年輕的最佳秘訣。

18

減少與情緒不穩定的人接觸。

Limit your contact with emotionally unstable people.

我們常常忽略自己擁有的一種重要資產：情緒。這和口袋裏的錢沒有太大區別，一樣有「收入」與「支出」。情況就好像，當一位司機完成一筆訂單，收入就進入他的口袋，而當他因違規泊車被罰款，錢則從口袋流出。其實，我們的心理狀態每一天都在經歷類似的增減變化。

有些人會大吵大鬧，明顯地掠奪你的情緒資源，是「情緒大盜」；另一些人則通過小氣、妒忌或玻璃心等不穩定特質，悄悄偷走你的心理資產，是「情緒小偷」。無論是明搶還是暗偷，都會消耗你的內在資源。

與這類人接觸，只需極短時間，就能輕易破壞你的一整天。我們的大腦極易受到外界的負面影響，並不由自主地反覆回放那些不愉快的感受。要避免被這類人污染自己的情緒，最簡單的辦法就是避開他們：不深交、不合作，盡量減少接觸的時間。

如果你的生活或工作中無法避免與這些人接觸，那麼最好為自己穿上「心理保護衣」。在每次接觸前，心理上預備好他們可能帶來的波動，這樣你受到的影響就會降到最低。正如哲學家尼采（Friedrich Nietzsche）所說：「與惡龍纏鬥過久，自身亦成為惡龍；凝視深淵過久，深淵將回以凝視。」（"He who fights too long against dragons becomes a dragon himself; and if you gaze too long into the abyss, the abyss will gaze into you."）長期與負面的人相處，或長期置身於負面的環境，被同化、被消耗的機會很高。

保護自己的心理狀態，就如同保護自己的錢包一樣重要。你會如何避開小偷與大盜？

19

勇於冒險。
但先問自己：
「這個險最壞可以去到甚麼程度？」

Be daring to take risks.
But before that, ask yourself:
"How bad can it go?"

有一些行為，可能自己很想做，但又感到有些不安，最後仍然決定去做，這可以稱之為「冒險」。

作為一個有開創性的人，當然需要冒一定程度的風險。但，甚麼樣的險值得冒？很簡單，你只需先問自己：「這個險最壞可以去到甚麼程度？」只要這個最壞的情況是你可以承受的，那麼不妨一試。若然不試，你最後可能只會留下遺憾。

這個方法並非甚麼深奧的大道理，也不僅適用於商業決定、職業前途或婚姻大事等重要抉擇上，生活中的許多小決定也可以應用上。只要經常練習，習慣把這個思維模式運算得快一點就可以。

曾經有一位年輕女子，她非常喜愛當時的男朋友，幾乎達到痴戀的程度。正值熱戀期，男朋友的任何要求她幾乎都一一答應。但有一次，男朋友要求拍下他們床上的性愛片段，作為兩人之間的甜蜜紀念。她當時心中感到有些不安，但又不想讓男朋友失望，於是猶豫不決。

幸好，她立刻想起我曾在一個公開講座中分享的這個原則。她快速思考了一下，計算出這個「超甜蜜」舉動最壞可能帶來的後果，最終婉拒了男朋友的要求。

請緊記，這種思維模式需要多加練習，計算速度愈快，愈能幫助你在關鍵時刻做出正確的判斷，避免未來不能回頭的遺憾。

20

好好利用
「忘記」這功能。

Make good use of the
'forget' function.

人腦就像一部電腦，記憶容量有限。如果不定期清理不必要的記憶，便會影響效率。我們需要學會管理自己的「腦內記憶體」，選擇性存放資訊，並有意識地 delete files，騰出空間來提升效能。

我們應該刪掉甚麼呢？就是那些帶來負能量的記憶。比如生活中的不愉快經歷、自己的錯誤、別人的過失，甚至每次失敗引發的挫敗感。這些記憶不僅無助於成長，還可能拖累我們的心情和行動力。

清除的方法當然不是按制，而是有意識地將每一次負面經歷視為學習的一部分，而非失敗。這其實是一種可以練習的技能，因為人腦很容易被「欺騙」。

《快思慢想》*Thinking, Fast and Slow* 的作者提到，人類腦袋有一個負責快速應對外界信息的「系統」，但它往往很難分辨熟悉感和真實性。因此，讓人相信某觀念的一個可靠方法就是頻繁重複，增加熟悉感，出於好意地「欺騙」它。我們只要反覆告訴自己每次失誤都是學習，它便會逐漸接受這種新的認知框架。

經常問自己：「這段經歷教了我甚麼？」你會發現，失敗變成成長，負面情緒不再纏身，整體狀態更為積極上進。

籃球之神 Michael Jordan 成為傳奇之前，經歷了無數次失敗，他射失的球遠比射中的多。但他說，每一個射球，每一場比賽，只有「勝利」或「學習」（“There’s only win or learn.”）。他把每一次的失敗立刻「忘記」，轉化為推動自己前進的力量。

21

做一個「醒目」的人，
但不要凡事都「跟車太貼」。

Be a 'smart' person,
but don't 'follow too closely' in everything.

世界變化飛快，計劃永遠趕不上預期。懂得靈活應對的人，可以在這個變幻莫測的世界，較輕鬆解決問題、抓住機會，甚至避免麻煩。靈活應變，就是我們常說的「醒目」。一個醒目的人，能在面對新情況或突發問題時，快速調整想法和做法，以達致最佳效果。

「醒目」的人通常有一些特質。他們擁有開放的心態，願意嘗試新方法。他們善於觀察並快速學習，能掌握環境變化。他們懂得控制情緒，在突發情況下保持冷靜，用高情商處理問題。他們熱愛吸收新知識，深諳事物的相互關聯，讓他們在應變時選擇更多、效率更高。

但有一點很重要。靈活應變並不等於經常應變。

真正成功的人懂得分辨哪些變化需要應對，哪些可以忽略。在《反脆弱》*Antifragile: Things That Gain From Disorder* 一書中，作者 Nassim Taleb 探討如何在不確定性和混亂中，獲得更大優勢。他指出，人們在面對不確定性時，「過度反應」或頻繁改變策略可能讓人變得更加脆弱。相反，我們應着眼於長期的穩定性和韌性，並建立系統，有條理地應對。

過分「醒目」也可能讓人陷入「反射性行動」的陷阱，即反應過快而欠缺深思熟慮，繼而行動草率，適得其反。例如，2021 年許多人因 FOMO（Fear Of Missing Out）心態，恐懼錯失賺錢機會，盲目高追加密貨幣「狗狗幣」。加上當時受世界首富 Elon Musk 的吹捧影響，導致價格暴漲後又迅速下跌。這些跟風行動因缺乏理智，最終令很多人損失慘重，説明欠缺理性分析下「跟車太貼」會帶來嚴重後果。但喜歡投機的人，多數如此下場。

真正懂得靈活應變的人，他們的價值在於反應的質量而非速度，所謂「靜如處子，動如脱兔」。行動前冷靜觀察、深入思考；行動時果斷迅速，集中資源解決問題。靈活應變是一種智慧，唯有與深思熟慮結合，才能真正發揮作用。

22

永不抱怨。
還要遠離經常抱怨的人。

Never complain.
Stay away from those who constantly do so.

抱怨或埋怨，不僅無法為自己帶來任何價值，反而會逐漸消磨內在的意志力。當面對不滿時，如果理據充分，自然可以爭取自己的權益。然而，抱怨與爭取權益是兩回事。選擇抱怨的人，往往缺乏爭取權益的實力或籌碼。

例如，一名員工背後抱怨老闆或公司，可能是因為自身能力不足，缺乏談判條件，又無法離職，只好藉由消極情緒的宣洩來博取旁人的同情。身邊的人或許表面附和，內心卻對這些抱怨感到厭煩，只是不願與你翻臉。

抱怨如同將能量與快樂丟進黑洞。自己不要成為這樣的人，遇到這類人，亦應敬而遠之，避免被他們削弱精神與心力。

激勵演說家 Jon Gordon 在其著作（*The No Complaining Rule: Positive Ways to Deal with Negativity at Work*）中，透過一個虛構故事，闡明持續抱怨如何損害士氣、生產力與人際關係。他指出，我們並不是需要消除所有的抱怨，而是杜絕那些無意義、持續性的抱怨。

這些抱怨對任何人都沒有幫助。而我們的目標，應該是將合理的抱怨轉化為正面的解決方案。他建議透過「識別問題、建設性分享問題、專注解決方案」這三個步驟，推動積極改變。

抱怨伴侶不夠細心？抱怨旅行安排不周？抱怨餐廳服務差？抱怨生活艱難？任何事情，經過抱怨後，結果依然不會改變。

畢竟，每一次抱怨都是一次將負面轉化為正面的機會。
停止抱怨，讓行動成為你最好的回應。

23

面對帶來負面影響的事物，不要有太大的容忍度。

Don't tolerate anything that bring negative impact.

「容忍」是一種對自身問題的忽視或妥協，往往源於缺乏改變的動力。然而，過度容忍自己的壞習慣、缺點或不滿，可能會讓問題逐漸惡化，最終導致更大的損失。

容忍壞習慣就像溫水煮蛙，讓人慢慢失去健康與未來。我見過許多人明知吸煙危害健康，卻仍為自己找藉口：「這是唯一的嗜好」、「我只是過過口癮」、「聽說戒煙反而會致癌」。科學早已證實，吸煙會導致多種致命疾病，但他們選擇視而不見。每天花錢買煙，病了再花更多錢治療，這樣的惡性循環，最終只會陷入健康與財務的雙重困境。

其次，容忍缺點，就是容忍機會的溜走。我想起一位朋友，他能力出眾，但因為體臭問題，讓人敬而遠之。雖然同事不明講，但這種小毛病已經讓他失去了無數機會和禮遇。如果是我，我會帶幾件乾淨衣物隨時替換，使用止汗劑，甚至尋求專業治療。缺點不是命運，而是你選擇容忍的結果。

不滿，則是最容易讓人陷入負能量的陷阱。抱怨工作不順、老闆刻薄、同事難相處的人，往往將時間消耗在情緒上，而非行動中。如果無法改變現狀，至少可以努力提升自己，為下一次機會做好準備。世界不會因為你的抱怨而改變，但你的行動，卻可以改變你自己，為自己創造出路。

英國經典小説家 Jane Austen 曾説：「一個明知自己行為不端的人，當別人期待他有更好表現時，反而會感到不滿。」（“A person who is knowingly bent on bad behavior, gets upset when better behavior is expected of them.”）這句話提醒我們，對壞習慣、缺點或不滿的過度容忍，還可能讓我們對外界的善意提醒產生抵觸情緒。當我們選擇忽視問題，而他人試圖幫助我們改進時，這種反感只會讓我們更難面對自己的不足。

24

掌握情緒者，
掌握命運。

Those who master their emotions master their destiny.

這一課為大家送上三個小故事。

故事一：《莊子．齊物論》記載了一則「朝三暮四」的寓言。戰國時代，宋國狙公養了很多的猴子，而且還學會怎麼跟猴子說話。後來猴子愈養愈多，錢也愈花愈多，狙公沒有辦法負擔，只好決定減少猴子的食物。他對猴子們說：「以後每天早上，每隻猴子三顆栗子，傍晚給四顆，好不好？」猴子們聽了很生氣，完全不能接受。狙公只好說：「我改成早上四顆，傍晚三顆，怎麼樣？」猴子們聽到每天早上可以多吃一顆，都非常高興。總量不變，情緒卻因表達方式的改變而被操弄。莊子提醒我們，若執着於「被虧待」的憤怒，便會忽略本質，淪為情緒的囚徒。

故事二：一條蛇鑽進木工店，腹部被地上的鋸子鎅出一條淺淺的傷痕。牠暴怒反擊，咬住鋸子，被鋒利的鋸齒刺穿自己的嘴。蛇認定鋸子是敵人，於是用身體纏絞鋸子。但牠愈用力收緊，傷口就愈深，最終失血而亡。

殺死蛇的不是鋸子，而是將「無心摩擦」視為「惡意攻擊」的憤怒。失控的情緒，比敵人的刀刃更致命。憤怒和發火根本解決不了問題，只會將我們帶入無盡的深淵。不要將一點點的傷害全歸咎於他人，真正傷害我們的，往往是失控的情緒。人生最危險的敵人，從來不是你眼中的所謂敵人，而是無法掌控的自己。若放任情緒暴走，便如那條蛇——愈用力反擊，愈陷入自毀的循環。

故事三：有一次，佛陀被人辱罵，但始終保持沉默，沒有反駁。事後，弟子忍不住問佛陀：「剛才有人罵您，您為甚麼不作理會，不回一句話呢？」佛陀反問弟子：「若有人送你禮物，你不收，禮物屬於誰？」弟子答：「屬於贈禮者。」佛陀説：「同一道理，若然我不接受辱罵，它便屬於罵人者。」

外界的言語或行為只是「邀請」，是否讓情緒失控，選擇權始終在自己手中。一個能掌控情緒的人，不會拿別人的錯誤懲罰自己。

以上三個故事都反映出，一瞬間就可以產生情緒轉變。轉變的方向，完全掌握在自己手上。情緒的源頭，你可能控制不了，但結果，絕對由自己決定。

25

與其追求正確的決定，
不如讓你的決定變得正確。

Don't aim for making the right decision
but making your decision right.

在作決定時，我們常常為了找到「正確」的答案而花上很多時間。我們因害怕選錯而陷入分析癱瘓，即使已經有七、八成的把握，還是會反覆思考，試圖透過更多的考慮來達到完美。然而，謹慎過度並非總是好事，因為過多的猶豫可能讓我們陷入優柔寡斷的困境，甚至錯過寶貴的機會。

事實上，沒有人能預見未來，我們無法保證任何決定都是完美的。愈是追求完美，愈容易陷入茫然。與其等待「最正確」的答案，不如在做出選擇後，把精力集中在如何讓這個決定變得更好。通過努力學習、調整策略，我們可以讓當下的選擇逐漸朝着正確的方向發展。

舉例來說，很多人到了某個年紀，會糾結於「結婚好還是不結婚好」。結婚可能帶來伴侶間的支持和家庭的幸福，但也可能面臨責任與妥協。不結婚則可能享有更多的自由和個人成長空間，但也可能感到孤單。結還是不結，這些選項各有好壞，根本沒有絕對的答案。

成功並不總是取決於一開始是否選擇了完美的選項。相反，關鍵在於對決定的承諾，並努力讓它成功。情況很少會完美，即使是看似「正確」的決定，如果執行不當也可能失敗；而看似不完美的選擇，只要以決心、創意和努力推進，也可能取得成功。

當然，這裏討論的不是「吸毒好，還是不吸毒好」這種答案顯而易見的問題。如果你仍然糾結於這個水平的問題，你需要的「答案」不會在這本書找到。

人生中許多難題根本沒有「正確」答案，大多數情況下，我們都需要在多個不相伯仲的選項中作決定。與其反覆掙扎，不如放膽選擇，然後努力讓自己的選擇變成值得。

26

先問，為甚麼？

Start with 'Why?'

很多人每天忙碌不堪，卻少有停下來問問自己：「為甚麼要這樣做？」學生讀書是因為學校要求，打工者努力工作是因為老闆命令，這些表面的理由缺乏深層意義與動力。其實，當我們找到行動背後的「為甚麼」，視野會變得開闊，動力也更加強大。這個重要概念，在 Simon Sinek 的名著《先問，為甚麼？》（*Start with Why*）把它解釋得清楚明白。

Simon Sinek 認為，「為甚麼」是行動的核心驅動力，比「做甚麼」（What）或「怎麼做」（How）更重要。在商業世界中，他指出：「人們購買的不是你做了甚麼，而是你為甚麼這樣做。」（“People don’t buy what you do; they buy why you do it.”）當一家公司能清楚表達它的「為甚麼」，顧客會因為認同這信念而支持它。以蘋果公司為例，正是它堅持挑戰現狀、鼓勵創新的信念，打動了全球無數人心。

在工作中，當你明白自己的「為甚麼」，例如不再只是為了薪水或晉升，而是為了實現人生價值，工作成果便大大不同。如果一位教師的「為甚麼」是幫助學生發掘潛能，那麼教學就不再只是任務，而是使命。這份熱忱與動力，會讓她的工作變得更有意義。

個人進步亦然。當我們學習一項新技能，若只是為了完成課程或應付考試，往往難以持久。但如果我們的「為甚麼」是為了實現夢想或改變生活，那麼每一步努力都會充滿意義與價值。就算遇上多大困難，都無阻我們完成學習的決心。

找到你的「為甚麼」，就等於重拾初心。這份初心，正是內心最深層的渴望與信念，能讓每件事變得有意義，助你在困難時保持堅持，伴你成長。

27

把時間花在「重要而非緊急」的事情上。

Spend time on ‘important but not urgent’ matters.

在現代生活中，我們經常被各種「無意義的忙碌」追着跑。工作的即時訊息、無法忽視的電話，處理自己或別人的突發狀況，讓我們陷入一種「撲火式」的生活模式。然而，把寶貴的時間碎片式分散在不同的瑣碎事上，自己真的有正面地成長嗎？

Stephen R. Covey 在《與成功有約》*The 7 Habits of Highly Effective People* 中提出了著名的「時間管理矩陣」（Time Management Matrix），並強調成功的人懂得分辨重要（important）與緊急（urgent）的事情，會將精力集中在「重要但不緊急」的事情上，例如學習新技能、健康管理、財務規劃和建立深厚的人際關係等，因為這些才是長期成功的關鍵。

我們之所以容易忽略這些「重要但不緊急」的活動，是因為它們缺乏即時性，短期內看似不會帶來負面影響，但忽視它們往往會在未來累積成問題。例如，忽視健康管理可能導致疾病纏身，忽略與家人相處則可能引發疏遠與誤解，慢慢破壞家庭和諧。同樣，忽視財務規劃會讓我們在未來面臨巨大的經濟危機。這些錯失的機會成本，往往無法挽回。

Covey 建議，首先要明確自己的核心目標，並將其融入日常計劃中。他提倡設定「深度工作時間」，專注處理重要但不緊急的事，避免被外界干擾。假如自己的核心目標是建立和諧的家庭，那麼與家人聚餐或見面時，就應重視有質素的溝通，多面對面分享彼此點滴，而非經常忙於瀏覽手機或回覆訊息。

同時，不妨學會說「不」，拒絕無意義的忙碌，將精力集中在推動長期核心目標的事情上。與其忙於不斷參加朋友聚會，又或者追完一套又一套被推介的劇集，不如好好編排時間，定時進行自我反思與人生規劃。因為沒有清晰目標的人生，無論多努力，都可能因方向錯誤而事倍功半。

我們自己最清楚甚麼對自己最重要。如果我們不為自己的時間負責，別人就會替我們安排。

28

「人格」比「能力」更重要。

'Character' is more valuable than 'ability'.

在職場或生活中，能力固然重要，但能讓人走得更遠的，往往是他的人格。一個能力出眾但人格有缺陷的人，可能短期內能帶來成績，但長期來看，他的負面特質會讓人不願意與他合作。相反，一個人格優秀的人，即使能力稍有不足，也能憑藉誠信、可靠和良好的態度，贏得他人信任。

日本經營之聖稻盛和夫在《人生的真義》中指出，能力可以因個人的本性而被用來做好事或壞事，因此我們不能忽視人格的提升。他認為人格是由天生的性格，結合後天所領悟的哲學所構成。更重要的是，既然人格並非由先天決定，人的成就也不取決於天賦，而是源於後天的努力與修養。

稻盛和夫還提到俗諺「才子敗於才」，指出恃住自己有才華而疏於努力、不願腳踏實地的人，往往容易誤入歧途。相較之下，那些平庸卻本性良好的人，願意默默承受艱苦並努力工作，隨時間累積，反而拓展了能力，成為幹練的優秀人才。

人格的力量在於它能塑造一個人的價值觀，進而影響其行為模式。誠實、謙遜、責任感、同理心，這些都是人格的重要構成。如果缺乏誠信，就無法建立長久的合作關係；如果沒有同理心，也難以理解他人的需求，最終會失去他人的信任與支持。

人格比能力更具長遠價值。提升能力的同時，別忘了完善人格，因為它才是真正決定你能否持續成功的關鍵。

29

讓「阿 Q 精神」助我們前進。

Let the 'Ah Q Spirit' drive us forward.

「阿 Q 精神」出自魯迅的小說《阿 Q 正傳》。阿 Q 是一個普通農民，雖然生活中經常遭遇挫折，但他總能用自我安慰化解內心的不平衡，從而重新振作。這種精神雖常被解讀為自欺欺人，但若從正面看，它其實是一種神奇的力量，能幫助我們在困難面前保持樂觀，不輕言放棄。

有句話說：「努力到連上天都忍不住想幫忙。」這正是阿 Q 精神的另一種詮釋。當我們全力以赴、不懈努力時，即使眼前看不到成果，也要相信，只要堅持下去，終將迎來好運。這股樂觀精神，能讓我們在面對挑戰時不輕易退縮，就算遭遇失敗，也能找到繼續前行的勇氣。

此外，阿 Q 精神還告訴我們，只要動機純正、過程良善，就不必太在意結果。踏實努力的心態，不僅能減輕我們對結果的焦慮，還能讓我們專注於當下的行動，反而更容易實現目標。

這種精神不僅適用於努力工作，面對失落時同樣有效。我自己就有這樣的阿 Q 格言：「當你得到你想要的，那是上天的指引；當你沒得到你想要的，那是上天的保護。」（"When you got what you want, it's God's direction. When you don't get what you want, it's God's protection."）這樣的想法能讓我坦然接受失望，也相信未來一定有更美好的安排。

阿 Q 精神不是逃避現實，而是一種轉化壓力的力量，幫助我們以堅持與樂觀跨越人生中的一道道難關。

第三章

目標之道

規劃與實現的力量

30

善用「三」的神奇力量。

Harness the magic power of 'three'.

「三」這個數字在宗教、文化及自然界中都有重要意義。基督教的三位一體（聖父、聖子、聖靈）和佛教的三寶（佛、法、僧）象徵完整與平衡；中國文化中的「三綱」——君臣、父子、夫婦，提醒我們維持和諧與穩定。在自然界，光的三原色（紅、藍、綠）構成所有色彩，而物理學中的三態（固態、液態、氣態）則是物質的基本形態。

我每次學習新事物或接受新挑戰時，亦喜歡利用「三」這個數字，提醒自己凡事不要妄下判斷，必須容許至少三次體驗的機會，這樣得到的初步了解才較全面。

還記得某天，當時只有兩歲半的兒子想挑戰一個巨型的遊樂設施。第一次，他非常膽怯，堅持要我陪伴。我立刻想起了「三」，心裏盤算無論如何都要他有至少三次體驗的機會。於是，我先給他信心，保證我會全程陪伴他。他慢慢地探索，每爬幾步就回頭看我，花了頗長時間，終於艱辛地完成首次挑戰。完成後，他在少許猶豫下，決定再爬一次。這次他仍然要求我的陪伴，但回頭次數和所花時間明顯減少，信心亦有所提升。

完成第二次後，他信心大了不少，興奮地要求挑戰第三次。這一次，他仍然要求我的陪伴，但時間快了很多。過程中除了減少了失誤，還不時回頭向我露出自信的笑容。我自己應用於接受新挑戰的小方法，在兒子身上同樣有效。

在人際關係中，「三」也提醒我們不要急於對人下判斷。與某人見面一兩次，往往不足以了解對方。至少需要三次深入交流，才能稍為看清一個人的性格與價值。

就算精明的諸葛亮，也是透過劉備的「三顧草廬」，確認對方的誠意與耐心。

如何善用「三」的神奇力量，我相信根據我以上簡短的分享，你也足以「舉一反三」，應用在能夠幫助自己的層面上。

31

要有堅定的目標，但靈活的策略。

Have a firm goal, but flexible strategies.

成功的道路從來不是直線。目標是指引我們前進的北極星，但通往目標的路徑卻充滿變數。根據現實的變化靈活調整策略，是一種智慧。亞馬遜創辦人 Jeff Bezos 曾說：「要對願景堅定，但對細節靈活。」（“Be stubborn on vision and flexible on details.”）

亞馬遜起初是一家線上書店，但隨着電子商務的興起與顧客需求的多樣化，迅速拓展至電子產品、雲端運算等領域，甚至進軍物流和內容創作。這些策略看似多樣，但始終圍繞「最佳顧客體驗」的核心目標，並成功鞏固了其市場地位。靈活應變並不意味放棄目標，反而是更有效地接近成功的途徑。

娛樂圈中，有許多演員堅持追夢多年，但機緣際遇難料，事業一直浮浮沉沉，收入僅夠糊口。隨着時間逐年逝去，他們最終錯過了自己的黃金時期，有些甚至陷入財務困境。相反，也有一些人選擇靈活轉行，例如從事保險、飲食或其他領域，不僅找到新舞台，還發揮了自己感情豐富、熱愛世界的特長。對這些人而言，轉行並不是放棄，而是讓目標的核心得以延續。

還記得小時候的作文練習嗎？雖然寫作的主題早已確定，但起稿時總是用鉛筆，因為細節需要隨時修改和完善。

這句說話我找不到出處，但它不一語中的：「用墨水寫下你的目標，但用鉛筆寫下你的策略。」（"Write your goals in ink, but your strategies in pencil."）

32

為未來的自己設定角色。

Define a role for your future self.

很多演員熱愛演戲，其中一個吸引之處，就是可以為自己將要演的角色作設定。他們從劇本中想像角色的衣着、興趣、談吐、態度，甚至人物的內在價值觀，每一個細節都經過精心設計，讓角色更鮮活生動。這種設定不僅賦予角色靈魂，也令演員於正式演戲時更加有根有據。

人生也是如此。我們每個人都可以是一名演員，為自己的未來角色進行設定，設計出自己希望成為的人生樣貌。這樣的人生「劇本」，能讓我們的行動更加清晰，更有目標。

設定可以由外而內，例如改變衣着、打扮、加入新圈子等，從外在環境開始改變自己；也可以由內而外，通過改變觀點、提升學識、重塑價值觀來影響自己的行為與選擇。

中學時候的我，就曾為未來的自己進行設定。我以第三視角，從外人的身份審視未來的自己，期望別人對我的評價是：「他是一個健康、有理想、有魄力的年輕人，雖然現在還未有甚麼成就，但他努力求進步，不斷提升能力，未來一定能成為有影響力的人。」有了這個設定，我思考成為這樣的人需要甚麼條件，並努力學習、鍛鍊身體，提升各方面能力，逐步貼近目標。就算現在的我，也會為未來老年的自己進行設定。

著名投資者 Charlie Munger 曾說：「要得到你想要的，就必須配得上你想要的。」（“To get what you want, you have to deserve what you want.”）我們只有當自己具備相應的價值與能力時，才有資格擁有自己所渴望的目標。

33

培養長遠眼光，追求持久價值。

Think long-term and focus on lasting value.

我從小家境清貧，沒有條件擁有奢華生活。小學四年級考入一所傳統名校，身邊同學大多來自富裕家庭。看着他們的名牌球鞋、高級用品，我心中不免泛起一絲羨慕與妒忌。每當我存下足夠的零用錢時，那些高檔物品更會向我招手，誘惑我去購買。然而，我慶幸當時自己懂得控制衝動，明白這些短暫的滿足，對於脫貧毫無幫助。

我選擇把錢存起來，為的是將來有更多資本投入到真正能改變命運的地方。大學畢業時，我已經積累了一筆資金，能夠學做生意、學投資，逐步增強賺錢能力。慶幸自己早年就培養了長遠眼光，而不是被物質和玩樂的誘惑牽着鼻子走。我的目標不在於短暫的「看似富有」，而是永久的「財富自由」。

巴菲特絕對是擁有長遠眼光的典範。他曾説股票市場的設計，就是把金錢從頻繁操作的人轉移到耐心持有的人手上（“The stock market is designed to transfer money from the active to the patient.”）。1988 年，他以每股 4 美元買入可口可樂股票，30 多年內賺取了超過 15 倍的回報。他得到的投資回報，都是來自長期持有優質資產，而不是追逐短期波動。有耐心的人，最明白擁有長遠眼光的重要性。

社交媒體的普及讓人們容易被短暫的快樂和虛榮吸引。在這個充滿誘惑的時代，長遠眼光顯得尤為重要。這種眼光不僅適用於財務，也適用於健康、成長、人際關係和生活的各個層面。它讓我們學會放下短期衝動，追求持久的成功與價值。

借用巴菲特的説話，我認為這個世界的設計，就是將成功從目光短淺的人轉移到目光長遠的人手上。

34

沒有最正確的答案。
沒有唯一的方法。

Stop looking for the right answer.
Stop searching for the single solution.

從小開始，我們的教育模式都主張我們追求「唯一的正確答案」。無論是應付功課、測驗還是考試，我們習慣用「對與錯」來衡量結果，並試圖避免犯錯。這種思維模式深深植入我們的 DNA，逐漸影響了我們看待生活的方式。

久而久之，我們用「對或錯」來判斷生活中的每一件事，認為所有問題都應該有一個既定的、最正確的答案。這種心態常常通過不同形式的説話表現出來，比如：「梗係咁做㗎啦」、「邊有人咁做㗎」、「一向做開唔係咁嘅」等。只要聽到別人這樣説，我們就好像被這些「正確答案」、「唯一方法」封印着，大多不敢反抗，原先的創意思維立刻躲藏起來。

須知道，任何一件事能否成功，往往是多種因素綜合影響的結果，並沒有一條固定公式可以保證。短期看似失敗的方法，長期可能帶來突破；反之亦然。所以，幾乎所有成功人士都知道唯一保證成功的方法，就是不斷嘗試，在失敗中學習，並迅速調整策略。

很多人渴望找到「正確答案」，其實是出於安全感的需求。他們認為如果知道正確方向，就能避免風險，走得更穩。但現實世界並非如此運作。事事多變，無論是環境還是人心，都充滿了不確定性。試圖找到唯一的正確答案，只會讓我們停滯不前。

李小龍有一句名言：「做水吧，我的朋友。」（“Be water, my friend.”）他表示水的特性是它不拘泥於形狀，能適應任何環境。它可以流動，輕柔地繞過障礙；也可以衝擊，擊穿堅硬的壁壘。

人生的旅途中，問題往往不會只有一個標準解決方法。與其執着於並不存在的「正確答案」，倒不如為自己建立一套有效的做人原則和靈活的思維模式。像水一樣，通過不斷嘗試與應變，我們會發現更多的可能性，走出屬於自己的成功之路。

35

要贏，就一起贏。

To win, win together.

在國際暢銷書《與成功有約：高效能人士的 7 個習慣》（*The 7 Habits of Highly Effective People*）中，作者 Stephen Covey 提出了「雙贏思維」（Think Win-Win）這一理念，大大改變了我對成功的看法。

他認為，雙贏的基礎是「豐裕心態」（abundance mentality），即相信成功和資源並非有限，而是可以共同分享的。雙贏思維強調在互動中創造雙方獲益的解決方案，而非一方得利、另一方受損。

求學時期，我並不熟悉這種思維方式，反而認為凡事都要爭取第一，無論是讀書、考試還是運動比賽，只有少數人能成為贏家。但踏入社會後，我才真正領會它的價值。雙贏思維幫我促成了許多成功合作，也結交了值得信賴的朋友。印象最深的一次經歷，是某場商業交易中，對方雖然擁有談判優勢，但仍提出兼顧我利益的方案。這種互利態度讓我倍感信任，甚至願意建立長期合作。同樣地，當我以雙贏的態度處理問題時，總能給對方留下好印象，促成長久關係。

Covey 還指出，若雙方無法找到共贏的解決方案，寧可選擇「沒有交易」（No Deal），即友善地不同意，停止交易，避免任何一方的不滿。成功，不需要以犧牲他人為代價，而是一種能共同分享的成果。

「雙贏」並非僅是商業技巧，更是一種適用於生活各層面的哲學。它提醒我們站在對方立場思考，尋求雙方都能受益的解決方案。要培養雙贏思維，不妨從日常生活著手。假如你和朋友相約吃飯，一個想吃西餐，一個想吃日本菜，那就嘗試找西日 fusion 餐廳達成雙贏。若未能達成共識，就選擇「沒有交易」，隨機找間港式冰室醫肚算了。

無論是解決工作難題，還是處理日常爭執，雙贏的態度都能帶來更和諧的結果。所以，不一定非得用「猜包剪揼」來解決問題的。

36

錢只會走向能為別人
創造更多價值的人。

Money only flows to those who
create more value for others.

我相信，每個人都曾經受過別人的幫助。你有否發現，那些習慣主動付出、不期望每次付出都獲得回報的人，往往散發出吸引人的性格特質？他們健康快樂，具説服力，並且通常擁有更好的運氣與際遇。

兩位技術水平相當的裝修工人，其中一位比較整潔、有交帶，溝通清晰，且細心傾聽客戶需求。你認為誰的價值較高？誰能為客戶創造更多價值？

耐人尋味的是，當你不計較自身利益而付出時，往往最終卻能獲得豐厚的回報。這類人容易與他人建立信任與忠誠，並獲得更多推薦與長期合作的機會。正如上述例子，即便兩位工人的裝修成果相同，我們也會更傾向推薦提供更多附加價值的那一位。

在《快速致富》（*The Millionaire Fastlane*）一書中，作者強調：「金錢是你為他人創造價值的反映。」（Money is a reflection of the value you create for others.）當一個人願意付出更多，並持續創造超出報酬的價值，他最終會收穫超過自己預期的財富。這就是價值創造與財富之間的因果關係。

Napoleon Hill 在經典著作《思考致富》（*Think and Grow Rich*）中說得更直接：「做得比薪水要求更多的人，遲早會得到超過他付出的回報。」（The man who does more than he is paid for will soon be paid for more than he does.）

37

良好溝通能力不止於好口才。

Good communication skills go beyond eloquence.

溝通能力好的人，成功的機率普遍比別人高，我相信這一點毋庸置疑。正如巴菲特所言，只要學會溝通技巧，一個人的價值就能提升 50%。然而，一提到溝通技巧，許多人過於專注於練好口才，誤以為流利表達就是溝通的全部。

的確，口才好有許多好處。在生活或職場中，可以更清晰地傳遞情感與想法，讓人迅速理解意思。而且表達力高的人，通常更具說服力，更顯自信。但僅僅擁有好口才，並不足以成就真正的溝通高手。

不少口才好的人，只期望用流利話語把事情「講過去」、說服別人，卻忽略了對方的需求與感受，未能建立信任。我認為，溝通的核心在於同理心。同理心讓我們站在對方角度，真正理解其感受、需求與立場，讓人感到被尊重，並建立信任與情感共鳴。當擁有同理心時，我們自然會展現「主動聆聽」（active listening），不僅關注對方說了甚麼，更聆聽其內心想法與感受。

Daniel Goleman 在《情商》（*Emotional Intelligence*）中提到：「同理心是所有與工作相關的重要社交能力的基礎技能。」（“Empathy represents the foundation skill for all the social competencies important for work.”）

同理心的力量在於，它促使我們放下偏見與先入為主的觀念，更專注於對方的說話、情緒與深層意思，使交流更具意義。

總而言之，不要僅僅追求「說得漂亮」，而是致力於「說得真誠」與「聽得用心」，才能實現良好溝通能力的真正價值。

38

成功之路很長，接近終點的人多數都不是跑得快的。

The road to success is long,
and the fastest runners rarely finish first.

在追求目標的過程中，我們經常誤以為跑得快的人才更容易達標。但現實告訴我們，在漫長的成功之路上，走得遠的人未必是跑得最快的。那些能接近終點的人，通常是穩定前進、保持節奏的人。他們懂得分配精力，耐心地一步步接近自己的理想。

星巴克的創辦人 Howard Schultz 是這種精神的典範。他在 1980 年代推動義式咖啡文化時，並未急於開設大量分店，而是專注於完善每一家門店的顧客服務與店內環境。他將每家星巴克打造成一個「第三空間」，讓人們既能享受咖啡，也能感受到舒適氛圍。這種穩扎穩打的策略，讓星巴克逐步建立起品牌忠誠度，最終成為全球咖啡業的領導者。

反觀急於求成的例子，共享單車行業的失敗值得深思。2015 年起，ofo 等品牌迅速崛起，吸引大批投資者，試圖快速擴張市場。然而，他們忽略了盈利模式與資金問題，導致資金鏈斷裂。2018 年，ofo 陷入財務危機，僅僅幾年內就幾乎退出市場。急於求成不僅難以實現目標，還可能導致全面失敗。

但莫非正如《龜兔賽跑》中所描述一樣，兔子和龜比賽，必定是速度較慢的烏龜勝出？當然不是。故事的核心，並非着眼於速度，而是烏龜穩健的進步最終戰勝了兔子的傲慢和分心，突顯了小而一致的努力如何積累成有意義的成就。穩步前進使人能夠進行謹慎的決策，避免犯錯，並隨時間建立堅實的基礎。相比之下，急於求成往往導致精疲力竭、錯誤或過度自信。

追求成功並非短程賽跑，而是一場耐力賽。它獎勵那些能夠保持專注並掌握節奏的人，而不是匆忙行事或僅僅依賴天賦的人。難怪連天才畫家梵高（Vincent Van Gogh）都這樣説：「偉大的事不是憑衝動完成的，而是由許多小事累積而成。」（"Great things are not done by impulse, but by a series of small things brought together."）

無論是學習一項技能、建立事業，還是實現個人目標，真正的成就來自穩定的累積，而非短暫的衝刺與僥倖。

39

先看「價值」，後看「價格」。

Focus on 'value' before 'price'.

很多人習慣用「平」或「貴」來衡量各類事物，例如商品、服務或股票等，彷彿價格就是唯一的標準。這種思維雖然簡單直接，但往往忽略了最關鍵的一點——價值。價格只是你付出的金錢，而價值則是你從中獲得的真實意義。

你覺得貴的東西，可能是因為你不認為它有價值。但同樣的物件，對另一個人來說，可能因為具有歷史價值、情感價值或投資價值，而顯得物有所值。例如，Hermès 的手袋雖然昂貴，但對懂得欣賞其工藝、品牌歷史與稀有性的人來說，這不僅是一件奢侈品，更是一種長期保值的投資。同樣地，股票也是如此。一隻被認為「貴」的優質股票，若你能看出它的價值和潛力，可為你帶來可觀的長期回報。

當你有能力看到一件事物背後的價值後，就有資格根據它的價值，評論這個價格是否物有所值。關鍵在於先看價值，後看價格。

價值的另一面，是不要被「平」所迷惑。很多人在網購或大減價時，因為覺得「抵買」就毫不猶豫地買入，結果發現這些東西質量低劣、不實用、不耐用，甚至完全無用。更糟糕的是，若是劣質股票，可能毫無升值潛力，最後甚至成為一堆廢紙。這就是只看價格，不看價值的後果。

奉行價值投資法的股神巴菲特，正是一位看重價值而非價格的典範。他的投資策略不僅為他帶來了豐厚的成果，也啟發我們將這種思維應用於生活。就好像選擇伴侶時，若懂得以價值為導向，便能做出更明智的抉擇。一位有價值的伴侶，不是虛有其表，或只能同甘不能共苦，而是能真誠地支持你，幫助你看見並提升自身價值，與你共同成長。

當你習慣以價值來主導你的選擇，自己的個人價值也會隨之不斷提升。

40

談理想與享樂前，
先讓基本生活遊刃有餘。

Secure your basics before chasing dreams and pleasures.

人生不一定要飛黃騰達，但如果連基本的生活都無法維持，又怎能談理想與享樂？正如建築需要穩固的地基，人生同樣需要扎實的基礎，才能承載更大的目標與追求。

假如沒有足夠的經濟基礎就匆忙結婚生子，可能會導致家庭陷入財務壓力，影響生活質量。為了追求一時的享樂而過度消費或欠下債務，更會讓自己陷入困局。

在現實中，金錢的作用不可忽視。我深知晚上躺在床上，擔憂如何支付賬單與房租的感受，那種壓力會吞噬一切對未來的希望。所以，請努力賺錢。

我非常欣賞蔡瀾先生對金錢的直率。他說：「不看重金錢的觀念實在落後，已被當成笑話。」、「別說錢不重要，會令人哈哈大笑。看重錢，但不會做它的奴隸，就像喝酒，不會被酒喝。」、「錢代表了一切，身分和尊重由此而來，這是不變的道理，我們不必爭拗，也絕不能扮清高。」努力賺錢不是為了滿足慾望，而是為人生打好基礎，讓自己有選擇的自由。

要打好基礎，除了賺錢，還可以由整頓自己開始。美國作家喬丹·彼得森（Jordan B. Peterson）在《生存的 12 條法則》中寫道：「首先把你的房間整理乾淨。如果你無法做好這麼簡單的事情，那你怎能期待自己在更大的挑戰中取得成功？」改變生活的起點，往往在於最基本的自我管理。

如果我們的生活一團混亂，連最基本的責任都無法履行，又如何贏得他人的信任？先讓自己的生活穩定、健康與有序。當基本生活游刃有餘，才能真正追求理想，享受人生美好。

41

追求‘work-life balance’是一種自我妥協。

'Work-life balance' is a self-compromise.

你是否一邊渴望成功，又一邊追求「工作與生活平衡」（work-life balance）？但你有沒有想過，這是否只是在「自我欺騙」？

甜食的危害早已被科學證實——它會引發健康問題，加速老化。然而，明知道吃甜不好，很多人仍選擇妥協，理由總是相似：「只不過偶爾吃一次」、「做人連自己喜歡的東西都不能享受，還有甚麼意思？」。可若問他們是否想要健康、延緩老化，答案必然是「想」。這種矛盾正說明了他們其實在「呃自己」。追求 work-life balance 的心態，其實和這種自欺行為如出一轍。

加拿大著名企業家 Robert Herjavec 曾經表示工作與生活平衡，是人們最大的誤解之一。他說：「成功不是平衡，而是專注、執著和不懈追求。」（"Success isn't about finding balance - it's about obsession, focus and relentless pursuit."）他以愛迪生為例，指出電燈的發明並非源於每天準時「下班」，而是來自無數通宵實驗和上千次材料測試。如果當時愛迪生選擇追求平衡，今天的世界也許仍是一片黑暗。

許多人追求 work-life balance，背後其實是不願意吃苦，或不想承擔短期「失衡」的代價。這種「舒適思維」的人，就像嗜甜的人一樣，樂於滿足當下需求，卻忽略了長遠效益。成功需要在特定階段全力以赴，甚至暫時犧牲一些「平衡」。

當然，每個人對成功的定義不同。如果你認為 work-life balance 本身就是你的目標，那麼應該專注實踐。然而，如果你的目標是成就非凡，請問自己：「一開始就追求 work-life balance，是否低估了成功所需的代價？」短期的「失衡」不可怕，只要方向正確，它往往是邁向成功的必經之路。

第四章

人際之道

選擇與連結的哲學

42

時刻感恩。

Be grateful always.

身為天主教徒，接近每天晚上，我都會作睡前祈禱，感謝神為我安排的一切。不論是好的還是壞的，我都相信那是最好的安排。有時候，感恩的心會讓我充滿幸福感，甚至感動到心中流淚。我為自己的存在而感恩，也為身邊的每一件小事感恩，因為我知道，那些都是神的恩典。

感恩的心，讓我學會珍惜一切。每天醒來，我都充滿力量去面對生活和工作，因為我深知，自己所擁有的一切，包括生命，都不是理所當然的。我們的「平凡」一天，或許已經是某人盼望已久的夢想。這樣的認知，讓我更加珍視當下，並心懷謙卑。

陳美玲博士在她的著作《50 個教育法》中提到，她非常重視孩子們學會感恩的心。她經常對兒子們說：「如果忘卻了感恩、感謝的心，不管多有錢都是個窮人。不管被多少人圍繞都是個寂寞的人。」懂得感恩是人生重要的一課，因為這樣的人能更懂得與人相處，也能更明白幸福的真諦。

感恩的人懂得將生活中的點滴化為美好的回憶，並將這些回憶深藏於心。這種力量讓我們在面對困難時，依然可以找到支撐自己的理由，讓我們感到希望與平靜。我發覺，懂得感恩的人，通常都會面帶微笑。

正如爵士音樂家 Lionel Hampton 所說：「感恩是將記憶儲存在心裏，而不是腦海裏。」（"Gratitude is when memory is stored in the heart and not in the mind."）懂得感恩的人，會把回憶珍藏於心，讓每一天都充滿溫暖與力量。

43

成為值得尊重的人，
從尊重他人開始。

To be respected,
start by respecting others.

尊重是甚麼？不是點頭彎腰，也不是盲目迎合。尊重是一種心態，是承認對方的價值，同時肯定自己的價值。尊重不是討好，而是平等地看待每個人。

每個人都有其獨特的價值，應該被平等對待，即使對方的觀點或行為與我們不同。但這並不意味着需要無條件尊重每個人，特別是那些不懂得尊重別人的人。他們往往以自我為中心，忽視他人感受；經常打斷別人的話，或貶低他人的努力；甚至視他人的付出為理所當然。對於這類人，我們不必強迫自己給予尊重，但可以選擇保持禮貌，因為這是對自己的修養負責，而非因他們值得尊重。讓這些人逐漸淡出你的生活，這才是真正的智慧。

那麼，值得尊重的人是怎樣的？他們誠實守信，懂得欣賞別人的努力；他們不會把你的時間當成理所當然，也不會用權力壓你，反而用智慧啟發你。如果你的老闆或同事是這樣的人，恭喜你！如果不是，那就記住這句話：「我們只為值得尊重的人工作。」

當我們學會尊重別人，也要求別人尊重我們時，生活會簡單得多。你不會再為無謂的爭執浪費時間，也不會因為別人的態度而影響自己的心情。

孟子說：「敬人者，人恆敬之。」意思是，尊敬他人的人，別人也會尊敬他。這句話強調了尊重的互惠性，告訴我們，尊重他人是贏得尊重的基礎。給予尊重，才能獲得尊重。

44

不要和認知
水平低的人較勁。

Don’t engage
with people of low cognitive ability.

「認知水平低的人」是指在某一領域知識或經驗不足，卻無法察覺到自身缺陷的人。他們通常高估自己、拒絕學習改進，並且傾向於指責他人。心理學家於 1999 年提出達克效應（Dunning-Kruger Effect），證明這類人由於知識不足，所以想法單一，容易沉醉在自我營造的虛幻優勢中。他們以為懂得很多，並對自己所相信的深信不疑。

缺乏足夠知識基礎的人，往往無法分清楚正確或錯誤的資訊。互聯網的迅速發展，更讓我們發現這類人的數量之多。看看輕信網路謠言的人數，就足以令人嘩然。

這類人最大的問題不在於無知，而在於「不知道自己無知」。與他們較勁或爭辯毫無意義，因為他們往往更依賴情緒而非理性，固執己見，甚至進行人身攻擊。因此，與之爭辯只會帶來情緒消耗，陷入無謂的對抗，浪費時間和精力，絕非理性的選擇。

不與認知水平低的人較勁，並非出於傲慢或逃避，而是對自我價值的一種保護。時間與注意力是稀缺資源，應該留給值得的人和事。成年人最高級的自律，是懂得選擇性忽略，與其糾正他人的錯誤，不如將時間用於自我提升或與同頻者交流，創造更高的價值。

1925 年諾貝爾文學獎得主蕭伯納（George Bernard Shaw）的話可以為此作簡單總結：「不要和豬摔跤，因為你會弄髒自己，而豬卻樂在其中。」（“Never wrestle with pigs. You both get dirty and the pig likes it.”）

45

不與重要的人，計較不重要的事；
也不與不重要的人，計較重要的事。

Don't engage in trivial matters
with important people,
nor important matters
with trivial people.

在人生中，我們會遇到兩類人：重要的人與不重要的人。重要的人是那些值得我們投入時間與感情的人，例如家人、伴侶、摯友或真正支持我們的夥伴。他們對我們的人生有深遠影響。而不重要的人，則是那些與我們僅有短暫交集，或對生活無實質影響的人，例如路人、無心之交，甚至心懷惡意的人。分清這兩者，是管理人際關係的關鍵。

與重要的人相處時，我們常因瑣事而爭執，例如對方忘記了紀念日，或忙碌中忽略了你的感受。然而，這些小事的分量，其實遠不及彼此之間的深厚感情。若因小事計較，可能傷害關係，讓重要的人漸行漸遠。學會放下對小事的執著，才能讓關係更和諧。家人與伴侶的陪伴是無價的，輸贏只是片刻，但感情卻是一生的支柱。

至於不重要的人，更不值得我們在重要的事上與之糾纏。例如，網絡上的陌生人對你的事業指指點點，或一些無關痛癢的人對你的選擇妄加評論，你真的需要向他們解釋嗎？與這些人計較，只會浪費時間與精力，不但無法改變現狀，還會讓自己深陷負面情緒。遠離不重要的人，才能將精力專注於更有價值的事情上。

日本茶道有句名言：「一期一會」，意指每次相遇都可能是最後一次，因此要用心對待每個當下。這提醒我們珍惜與重要的人每次相處，因為這些時光隨時無法重來。同時，對不重要的人和事，放輕心態，不再糾結，才能讓生活更美好自在。

46

有資格「躺平」的人，
可能正正是最不「躺平」的人。

The one who qualifies for "goblin mode" is likely the least inclined to do so.

我有一位非常嚮往「躺平」的助理，某日向我傳來蔡瀾先生年屆 83 歲時的一個訪問，標題引述他的其中一句說話：「躺平？本來就應該這樣」，好像找到最強大的支持一樣，表示連成功人士也和她一樣贊同「躺平」。但想對這位智慧老人的九字真言照單全收之前，請先了解一下他一生的經歷和成就。

一個能每月花費十多萬聘請私人醫護的人，一個已擁有一定影響力，傳媒都會爭相報道一舉一動的人，其實經歷了絕不「躺平」的精彩人生。生活、工作、人際關係在這八十多年來不斷進步，為他賺取了可以選擇「躺平」的條件。如果換來一位三餐未能溫飽，在街邊拾荒的老人向你鼓勵「躺平」，你又會有甚麼感覺？

看似輕鬆的人生方式，往往背後都有一段不可小覷的歷程。「躺平」其實是一種選擇，不同年齡和背景的人，選擇「躺平」的效果和結果都不盡相同。

聰明的人應該看得出，這位 83 歲的成功人士所說的「躺平」，其實是一種心態上的調節，一種處理壓力的妙方，一種淡看世事的態度，是他到了這個年齡的又一次進步，一種更高的境界。請記着，他是成功後鼓勵「躺平」，不是「躺平」後令他成功。

想真正享受到「躺平」帶來的輕鬆和自在？就要努力為自己賺取具備「躺平」的資格。

47

專注自我成長，
吸引力不請自來。

Focus on self-growth,
and attraction will come automatically.

「花不渴望蜜蜂。它綻放，蜜蜂便來。」（“The flower doesn’t dream of the bee. It blossoms and the bee comes.”）花不需要刻意去吸引蜜蜂，只需要做好自己（綻放），蜜蜂自然會被吸引而來。同一道理，在生活中，與其一味追求他人的認可，不如專注於提升自己，展現自身價值，吸引力自然會隨之而來。

初入職場時，我們常以為努力展現自己，能讓上司和同事刮目相看，也不乏有人刻意迎合他人的喜好，試圖令人喜歡自己。但當我們過分關注「吸引別人的目光」時，往往會陷入疲於迎合的狀態，容易迷失方向。

要明白，吸引別人的目光並不能替代真正的實力。短暫的注意力或許能讓人記住你一時，但唯有真實的能力與品格，才能贏得長久的尊重與認可。與其花心思討好他人，不如專注於自我成長。當我們投入時間學習新技能、增強專業能力、提升人格魅力時，吸引力便會自然而然地散發出來。

我有一位藝人朋友 Honey，她熱愛運動和戶外活動，潛水和游泳技藝出眾，擁有健康的黝黑膚色。我欣賞她不為迎合大眾對女藝員白皙膚色的刻板印象而妥協，反而專注發揮自身優勢。她保持運動習慣，勤於學習與閱讀，不斷提升內在價值。正是這一身小麥膚色，結合日益成熟的智慧，讓她的形象鮮明而迷人。如今，她以自信與獨特魅力，逐漸成為備受矚目的明日之星。

外界的認可是重要的，但它並不是衡量我們價值的唯一標準。如果總是扮演「討人喜歡」的角色，長時間下來不僅會感到疲憊，還可能讓人覺得我們不夠真誠。相反，當我們真心做自己，別人會因為我們的真誠與內在力量而被吸引。

別再試圖取悅別人了。當你學會欣賞自己的長處，接納自己的不足，並不斷力求進步時，你會變得更加自信，也會吸引那些真正欣賞你的人。當你足夠出色時，機會、關係和成功都會自然而然地向你靠近。

48

不要做一個沒有自己思想的人。

Don't be a person without your own thoughts.

在資訊爆炸的時代，擁有獨立思想尤為重要。太多人習慣隨波逐流，接受別人的觀點而不加思考，久而久之，失去了對自我和生活的掌控。

例如在社交平台，熱門或高贊的留言常成為意見的風向標，許多人不假思索便選擇附和。在消費上，人們傾向追捧「網紅推薦」的產品，模仿博主的生活方式，到同樣的餐廳或旅遊點打卡，卻未考慮是否真的符合自己的需求與喜好。在公共事件中，僅憑標題或簡短描述形成看法，或只相信單一新聞來源，未查證不同觀點，最終導致偏見甚至假資訊的傳播。

沒有自己思想的人常說：「大家都是這樣做的」，用這句話合理化自己的選擇，未有思考是否符合自己的價值觀或需求。這種態度容易讓人陷入被動，最終成為他人思想的傀儡。

缺乏思想自主性的原因，往往是懶於深入思考，或害怕面對錯誤決定的風險。他們寧可跟隨主流以避免責任，看似安全，卻將自己置於平庸的生活狀態中。

擁有獨立思想的人則不同。他們主動思考，不輕易接受他人觀點，而是以批判性眼光審視事物，找出自己的思想定位，並勇於承擔決定的後果。這樣的人，即使面對困難，也能保持內心穩定，因為他們清楚自己的方向。

在《大哉問時代》（*A More Beautiful Question*）一書中提到，許多人因不質疑「這就是事情的運作方式」，而錯失突破的可能。接受既有假設而不反思，只會讓生活受限於傳統思維，導致創新停滯。但這並不意味我們應該對所有觀念都批評或反對，而是要學會判斷哪些值得質疑，哪些值得延續。

花些時間檢視從他人那裏繼承的觀念，才能真正活出屬於自己的版本的人生。

49

對自己要期望高，
對別人要期望低。

Set high expectations for yourself
and low expectations for others.

人生中許多痛苦，來自於對他人過高的期望，而許多成就，則源於對自己的高標準。如果我們能保持對自己期望高，對別人期望低，就能在成長中變得強大，在人際關係中獲得快樂。

美國發明家及工程師 Charles Kettering 曾說：「卓越的成就總是在高期望的框架中實現。」（“High achievement always takes place in the framework of high expectation.”）他認為高成就源於高期望，因為那些對自己要求嚴格的人，往往更清楚自己的目標，並願意為之付出努力。他們不會輕易滿足於現狀，而是持續精進，為自己設定高標準，追求更好的自己。

而對別人期望低，則是保持快樂的秘訣。人際關係中，許多失望和不滿，其實都是源於希望別人能滿足自己的需求或符合自己的標準。但現實中，沒有人能完全按照我們的想法行事。學會接受每個人都有其局限，就能減少失望與衝突，與人相處更加輕鬆自在。

18 世紀英國詩人 Alexander Pope 很早就找到快樂的秘訣。他說：「沒有期待的人是有福的，因為他永遠不會失望。」（“Blessed is he who expects nothing, for he shall never be disappointed.”）

這並不意味着對別人完全放任或不信任，而是要以平和的心態看待他人的表現。期望低並非沒有期待，而是選擇放下不必要的執著。與其一味指責，不如更多地用欣賞的眼光看待他人，這樣才能維持健康的人際關係。

50

信任是無價的。
千萬、千萬、千萬不要失去它。

Trust is priceless.
Never, ever, ever lose it.

你有沒有想過，為甚麼有些人說的話特別有分量？為甚麼他們的建議總是被採納，他們的推薦總是被認同？答案很簡單：因為他們是值得信任的人。信任不僅是一種關係，更是一種「個人貨幣」。信任度愈高，這種貨幣的流通量、認受性與價值就愈高。

《高效信任力：達成目標的極速能量》（*The Speed of Trust*）一書提到信任是影響力的基石：「信任度愈高，影響力愈大。」（The higher the trust, the greater the influence.）這句話道出了信任的真正價值。成為一個值得信任的人，最大的好處是別人對你的猜疑會大幅減少。你的話語更有力量，你的行動更具影響力。

信任的建立源於長期的觀察與累積。從小到大，我們的一言一行都在被他人記錄與評估。試想一下，身邊那些你認為值得信任的人，他們的信譽往往不是來自某一兩件事，而是日復一日的穩定表現，讓你感受到可靠與真誠。這種「人生紀錄」反映了他們的品格與誠信，也成為他們最寶貴的財富。

然而，破壞信任卻只需要一瞬間。一句食言、一個謊言，甚至一個不經意的疏忽，都可能讓多年建立的信任蕩然無存。雖然巴菲特建立了全世界最賺錢的投資公司 Berkshire Hathaway，仍然不忘用心提醒他的同事信任的重要性：「我們花了 37 年建立這一切，但可能只需要 37 分鐘就失去所有。」（"It took us 37 years to get here, but it'll take us 37 minutes to lose it all."）

這種珍貴但脆弱的資產，值得我們用心去建立，更值得我們竭力去守護。

51

做一個懂得報恩的人。

Be someone who repays kindness

在丹麥作家安徒生的童話《夜鶯》（*The Nightingale*）中，一隻夜鶯因美妙的歌聲被皇帝邀請到宮中演唱。然而，皇帝在得到一隻珠寶製成的機械鳥後，逐漸冷落了夜鶯，導致它離開宮殿。多年後，皇帝病重，機械鳥無法再為他演唱，正當皇帝瀕臨死亡時，夜鶯回來，用歌聲驅散死神，拯救了皇帝。夜鶯雖然在後期遭到冷待，但它從未忘記皇帝的恩情，並以實際行動回報早年的善意。

在人生旅途中，我們常常接受到他人的幫助，無論是物質支持還是精神鼓勵。懂得感恩的人，會用行動回應他人的善意。然而，現代人對報恩的概念日益淡薄，多因生活忙碌和過度追求個人利益，讓感恩之心逐漸被忽略。人與人之間的關係愈發冷漠，這種現象值得我們深思。

信任是這個世界上最珍貴的資產之一。那些願意幫助我們的人，正是因為相信我們，才選擇付出時間與精力。這份信任不是理所當然的，我們應好好珍惜，懂得真心感謝信任自己的人。

古語有云：「滴水之恩，當以湧泉相報。」對於任何出於真心的恩情，即便小如滴水，也應該以「感激萬分」之心回報。這種加倍奉還的心態，體現受恩者對恩惠的重視與敬意，並且明白對方為自己付出的時間、精力和資源，都不是理所當然的。

我認為，懂得感恩是為人的基本，而主動報恩則是高尚品格的展現。美國第 35 任總統 John F. Kennedy 強調感恩應體現在行動中：「當我們表達感恩時，我們絕不應忘記，最高的感激不是言語，而是用它來活出行動。」（"As we express our gratitude, we must never forget that the highest appreciation is not to utter words, but to live by them."）

52

改變你看待事情的觀點，
你的世界從此改變。

When you change your perspective,
you change your world.

有一個故事廣為流傳：一對兄弟從小生活在酗酒的父親陰影下。長大後，一人成為成功的企業家，另一人則隨父親步伐沉溺於酒精。當被問及原因時，兩人同樣回答：「因為我有一個酗酒的父親。」這故事告訴我們：如何看待經歷，決定了人生的方向。

一件看似不幸的事，對某些人來說，卻是成長的契機。當你改變對待問題的態度，隨後的思路或行為就會改變，整個人的磁場也會隨之產生變化，吸引過來的人脈、環境，甚至際遇都可能截然不同。

美國心理學家 Martin Seligman 在他的著作《學習樂觀．樂觀學習》（*Learned Optimism: How to Change Your Mind and Your Life*）中指出，改變解釋事情的方式，能大幅提升幸福感。一個樂觀的人，遇到挫折時，會認為這只是暫時的、不普遍的事件；而悲觀的人，則可能認為這是永恆的、全面的失敗。不同的觀點，塑造不同的態度與行動。

我們並不需要凡事都改變觀點，但應該具備改變觀點的能力。一旦習慣於多角度看待事物，思維、創意及應變能力自然會提升，為自己創造更多可能性。可以從小事開始，選擇用「好奇心」取代「立刻判斷」。當某件事情不如預期時，與其急於判斷對錯，不如問自己：「這裏是否藏着我未曾發現的可能性？它能教會我甚麼？」

這種轉變，並非單純的情緒調整，而是一種開放視野的方式，讓你看到更多途徑，看到更多可能性。

53

創造別人對你的需求。

Creating the need for you.

需求，這個看似簡單的詞，卻是每個成功者的核心武器。真正的高手，不僅懂得滿足需求，更懂得創造需求，讓自己成為不可或缺的角色。

2007 年，蘋果推出了第一代 iPhone，徹底改變了人們對手機的認知。它不僅是一部通訊工具，更是一個集音樂、拍照、上網於一體的多功能設備。隨後，iPad 讓平板電腦融入日常生活，AirPods 則將耳機從聽音工具升級為一種時尚符號。這些產品不僅滿足用戶需求，更創造了那些用戶甚至未曾察覺的需求，重新定義了我們的生活方式。

類似的例子還有 Netflix 和 Starbucks。Netflix 的推薦算法讓用戶輕鬆找到喜愛的內容，甚至引領「一口氣追完一整季」的賞劇新文化；Starbucks 則不僅賣咖啡，還創造了一個「第三空間」，讓顧客在家與工作之外找到片刻喘息。它們創造了新的期待與價值。

創造別人對你的需求，等同創造「依賴」。這種理念同樣適用於個人生活。以伴侶關係為例，當對方疲憊時，你主動準備一桌熱騰騰的晚餐；或在對方煩惱時，主動關心並替對方減壓。這些舉動讓伴侶感受到你的體貼，並逐漸形成對你的依賴。這並非討好，也非策略，而是讓自己在關係中成為真正的支柱。

想擁有這種能力，需要具備一些特質：敏銳的觀察力，能發現他人未説出口的需求；創新思維，能找到新穎的解決方案；以及持續學習的能力，保持自己與時並進。當你能夠創造別人對你的「依賴」，你的價值就會不斷提升。

54

增加每次選擇的勝算，
人生將會變得更美好。

Improve the odds of every choice,
and life will get better.

童年時很喜歡「畫鬼腳」這個遊戲，刺激之處在於其不確定性。每次選擇路線，結果看似隨機，實際上每條橫線的設置都會影響終點所在。人生亦是如此，每一步都要作出選擇，然後根據結果繼續前進。每一次選擇都在悄悄塑造我們的未來。

在《人生算法》一書中，作者喻穎正提到「概率思維」的重要性。她主張推算出每件事發生的概率，並透過一連串理性的選擇，使我們能夠在不確定中找到最大的勝算。這種思維，讓我們能在複雜的現實中掌握機會。

她在書中引述 Google 創始人 Sergey Brin 的故事，並表示 Brin 絕對是概率思維的典範。2006 年，Brin 發現自己有 LRRK2 基因突變，罹患柏金遜症的可能性高達 50%。於是，他累積一連串可以降低患病機率的行為，包括公開基因檢測結果，捐助 5000 萬美元支持相關研究，並利用大數據尋找治療與預防的方法。同時，因為有研究證明提高心率能降低患此病風險，所以他堅持跳水運動提升心率和每天喝咖啡與綠茶，這些努力使患病概率減半，從 50% 降至 25%。隨著神經科學的進步，他的風險又減半至 13%。最後，針對柏金遜症的研究進一步增加，他的患病風險被控制在 10% 以下。

Brin 的行動無法保證他完全不會患病，但他以理性思維將大概率事件變成小概率事件，最大限度地降低風險。他的故事告訴我們，即使無法控制命運本身，我們仍然可以通過努力改變命運的概率。

我們的每一個選擇，無論多小，都能為成功增加一分可能性。比如每天多閱讀一小時，知識的積累會讓我們應對挑戰的能力提升；多結交積極上進的朋友，在相互影響中，成功的概率也會增加；選擇健康的生活方式，避開有害行為，則能減少人生中的風險。每一個看似普通的好選擇，都是在為我們的人生勝算加碼。

成功的關鍵不在於一瞬間的突破，而在於每次選擇中多加一分智慧，多添一份勝算。當這些小概率的成功累積起來，人生自然會變得更加美好。

55

做一個兼容理性與感性的完人。

Be a perfect person who embodies both rationality and sensibility.

「完人」一詞在中國古典文學中，常指一個人的人格圓滿，道德、學識、行為毫無缺點。當然，這個只能夠是一個目標，要在現實生活中做到這一個水平，根本完全沒有可能。但在我心目中，如果一個人能夠兼備「理性」與「感性」的特質，就已經非常接近完美了。

我很喜歡侯小強在他的著作《靠譜：人生突圍的 132 條自我提升指南》中的表達。他建議我們要做一個「理性的感性主義者」，並強調理性與感性若能兼容，就可以發揮各自的長處。他說：「理性教我們尊重邏輯，看清現實；感性讓我們擁有溫度，敢於表達，嬉笑怒罵。」這段話點明了理性與感性的互補性，讓人既能以理智行事，也能以溫度待人。

理性讓我們看清方向，冷靜分析問題，找到有效的解決方案。例如，投資理財是需要理性思考的場景，我們需要評估風險與回報，避免因情緒波動而做出衝動決策。然而，過於理性可能會忽視情感需求，尤其在人際互動中，讓我們顯得冷漠。

感性則讓我們更具人性化，讓人感受到我們是「有血有肉」的個體。例如，小朋友鬧情緒時，如果父母只是一味講道理，缺乏情感關懷，孩子的情緒可能會愈加失控。但若父母先以感性方式安撫孩子的情緒，再用理性引導他們理解問題，效果往往會更好。感性在這種場景中，是建立親密聯繫與解決問題的關鍵。

平衡理性與感性是一門藝術。竅門在於根據不同情境靈活運用兩者：在需要解決問題時，以理性為主，確保邏輯清晰；而在需要與人建立關係或激勵他人時，則多運用感性，展現同理心與關懷。這種切換能力，能讓我們在人生中更加游刃有餘。

理性讓我們看清現實，感性讓我們溫暖前行。當我們學會兼容兩者，就能在邏輯與情感之間找到平衡，成為接近完美的完人。

第五章

智慧之道

決策與洞察的啟示

56

就算是好的事，
過多了，也成壞事。

Too much of even a good thing can turn bad.

在《論語》中記載了一個小故事。子貢是孔子的其中一名弟子，他聰明善辯，喜歡深究問題，經常向孔子提問。一天，他向孔子請教：「老師，子張和子夏，誰更賢能呢？」孔子聽後微微一笑，說：「子張做事十分積極，但往往太過激進，好像總是急着達成目標，卻容易忽略後果。而子夏，雖然博學多才，但為人過於謹慎，常常小心翼翼，反而顯得不夠果斷。」

孔子停頓了一會兒，繼續説：「子張和子夏的性格雖然不同，但兩者都有偏離正道的問題。子張太過用力，子夏卻用力不足，這兩種極端都不是理想的做法。過度和不足，其實是一樣的偏差。」最後，孔子總結道：「這就叫『過猶不及』。」

從孔子的教誨中，我們明白到，「過度」猶如「不及」，都是不恰當的。凡事有度，物極必反。其中的「度」，是適當的尺度或分寸，也就是做事時應該遵循的一種平衡與中庸的原則。就讓我舉一些例子。

善良，是一種品德，但過了頭，就成了軟弱。
謙虛，是一種修養，但過了頭，就成了虛偽。
老實，是一種品格，但過了頭，就成了迂腐。
自信，是一種力量，但過了頭，就成了自大。
堅持，是一種精神，但過了頭，就成了固執。
理想，是一種追求，但過了頭，就成了空談。
放心，是一種信任，但過了頭，就成了放任。
孝順，是一種美德，但過了頭，就成了愚孝。

夠了。舉例是為了讓讀者更易理解，但過多了，就成了煩擾。

57

避免愚蠢比追求聰明更重要。

Avoiding stupidity is more important than seeking brilliance.

生活中，我們經常見到一些極端愚蠢的行為：有人在懸崖邊或鐵路軌道上拍照打卡，或在颱風期間跑到海邊「睇浪」。這些行為的共通點是損人不利己，不僅危及自己，還可能牽連救援人員。雖然結果未必每次都致命，但這些例子提醒我們，愚蠢的代價往往無法挽回。

《窮查理的普通常識》（*Poor Charlie's Almanack*）一書，記錄了著名投資家 Charlie Munger 的一句經典說話：「我只想知道我會死在哪裏，這樣我就永遠不會去那裏。」（"I always want to know where I would die so I can never go there."）這句話指出，避開明顯風險比盲目追求目標更重要。不論是高風險投資，還是涉足完全陌生的領域，都是典型的愚蠢行為，最終可能導致難以彌補的損失。

愚蠢往往源於衝動、不思考或對後果的漠視，而智慧則是冷靜判斷、預見風險並作出理性選擇的能力。當我們面臨選擇時，學會停下來問自己：「這樣做會帶來甚麼後果？是否有更好的方式？」這種簡單的反思，往往能幫助我們避開不必要的錯誤。智慧的真正價值，不是追求卓越，而是避免愚昧。

意大利經濟學家卡洛·西波拉（Carlo M. Cipolla）在《蠢人基本定律》（*The Basic Laws of Human Stupidity*）中揭露了「愚蠢」的破壞性。他指出，愚蠢行為具有不可預測性和危險性。蠢人不僅傷害他人，還會損害自己，卻從中無法獲益。這使得蠢人成為最危險的群體，因為他們的行為無章可循，無法理性預測。而與蠢人合作，往往帶來不可逆的損害。

因此，我們不僅要避免成為蠢人，更要遠離蠢人。

58

不着眼短期利益。
解決問題，從根本出發。

Look beyond short-term gains
and solve problems from the root.

人性總是傾向追求短期利益。面對問題時，我們喜歡選擇迅速見效的方案，享受即時的成就感。然而，這種傾向常讓深層次問題被忽視，甚至使情況惡化。短期解決方式看似便捷，但其背後隱藏的長期代價，可能遠超我們的想像。

我的一位朋友因工作繁忙，長期熬夜且飲食不規律，出現頭痛、失眠等症狀。他找醫生服藥緩解，雖短暫改善了症狀，但根本問題依然存在。後來，他意識到不健康的生活方式才是根源，於是改變作息、調整飲食並堅持運動，健康才逐漸恢復。健康是伴隨一生的課題，不能僅靠短期權宜之計來解決。

在人際關係中，短期方案同樣可能適得其反。例如，朋友間出現矛盾，有人選擇冷處理或敷衍了事，暫時化解尷尬，但隱藏的矛盾卻逐漸累積，最終導致關係破裂。若雙方坦誠溝通，直面問題根源，雖然短期內可能有情緒衝擊，但只要付出耐心與努力，不僅能解決問題，更可能增進理解與信任。

用短期方案解決環境問題的代價更為深遠。許多國家為應對能源需求，大量開採石油和煤礦，短期內緩解了能源危機，但卻引發空氣污染、森林砍伐和氣候變化等問題。如今，全球不得不耗費巨資修復因化石燃料依賴造成的生態破壞。相比之下，發展太陽能、風能等可再生能源，雖初期投入巨大，但其可持續性避免了短期方案的長期代價。

正如著名環保人士阿爾·戈爾（Al Gore）所說：「短期的便利，往往會以長期的代價為代償。」（“Short-term convenience often comes at the cost of long-term consequences.”）

59

在很多情況下，「多」不一定好。

In many cases,
"more" isn't necessarily better.

我們從小到大，都被教育「多」是好的。分數、朋友、財物，甚至時間，愈多愈好。然而，在很多情況下，過度追求「多」，可能會讓我們墮入一個質素不斷下降的陷阱之中。

例如，追求過多的物質擁有，會使我們沉迷於經常消費的生活模式，卻忽略了內心真正的需求，忽視了質素的重要。尤其現今世代，經常上網購買便宜但不耐用的貨物的人，多不勝數。然而，有生活品味的人，通常衫褲鞋襪不多，但每一件都是精緻的、高質的。

在人際關係方面，實在有太多「相識滿天下，知己無一人」的人，好像結交了很多朋友，但真正於有需要的時候可以幫助自己，可以為自己添加價值的，卻寥寥可數。喜歡經常和一班豬朋狗友吃喝玩樂的人不用多提，但最慘的是，連一些生意人也墮入這個糖衣陷阱。他們疲於奔命，遊走不同商會，到處和人交換名片，換來的都是沒有價值的「互相打主意」，換走的都是自己寶貴的時間。其實，那些對我們帶來真正價值的人，深交幾個就夠了。

又例如，一個向來滔滔不絕、口若懸河的人，就某件事情表達意見的時候，可能都不及一位向來謹言慎行的人簡單的一句說話，令人印象深刻，心服口服。所以，說話亦不要多。

少一些物質擁有，能減少不必要的負擔，讓生活更輕盈；少一些無意義的社交，能集中精力經營真正深厚的關係；少一些多餘的言語，能讓我們的話語更具分量。簡化生活，反而能帶來更多內心的平靜與滿足，讓我們專注於真正重要的事物，這正是「少即是多」（“Less is more.”）的真諦。

60

不要隨意接受「免費」的東西。

Don't accept 'free' things lightly.

「世上沒有免費午餐」這句話源自經濟學，提醒人們在接受「免費」時，要考慮背後可能的條件或利益交換。

Thomas Sowell 在著作《基礎經濟學》（*Basic Economics*）指出「免費」的錯覺，就是當某樣東西被宣稱為『免費』時，事實上它的成本只是轉嫁給了其他人，或者以其他形式隱藏了起來。成本轉移就是「免費」的魔鬼核心。

社交媒體如 YouTube、IG 或小紅書等，確實為我們提供了便捷的交流與豐富的資訊，但其「免費使用」也存在隱藏的代價。這些平臺通過推薦算法和無限滾動設計，吸引我們更多的注意力，可能導致時間的無意流失。我們的數據，如偏好和行為，也會被用於廣告推送，這是它們主要的盈利模式。

同時，也不容忽視心理上的代價，例如攀比心理、過度依賴外界回饋或對「完美生活」的錯覺，都可能影響我們的情緒和自我價值感。我們需要有意識地管理自己的使用方式，以平衡便利與潛在影響。

朋友提供的「免費午餐」也應謹慎對待。Robert Greene 在《權力的 48 法則》（*The 48 Laws of Power*）中指出：「免費提供的東西是危險的。它通常涉及詭計或隱藏的義務。」（"What is offered for free is dangerous. It usually involves either a trick or a hidden obligation."）

他認為，有價值的東西值得支付公平的代價，不僅是尊重，也是自我保護，避免感恩、愧疚與欺騙，保持獨立性，遠離被人操控的可能。

因此，明智之道是學會付出應有的代價，避免短視或貪圖便宜帶來的隱患。真正的價值無法通過走捷徑獲得的。

61

除非你有更好的建議，
否則不要輕易提出反對或批評。

Don't be quick to oppose or criticize,
unless you have a better suggestion.

我們生活在一個「喜歡評論」的世界，許多人習慣對身邊朋友或同事的事情發表評論。尤其是當面對一些創新的想法時，反對的聲音總是來得特別快。想感受一下這種現象？很簡單，你只需告訴朋友你打算創業，就會立刻收到一盆盆冷水。諷刺的是，這些潑冷水的人多半是打工仔，從未有創業經驗，卻總能「肯定地」勸說：「你的生意做不成的！」

在批評或反對一件事之前，我們應該先停下來思考：我能提出具建設性或更好的替代方案嗎？否則，純粹的否定不僅無助於解決問題或推動創新，反而可能成為他人努力路上的絆腳石。批評容易，但提出建設性建議卻需要智慧與責任感。

如果我們不是某個領域的專家，或未曾深入研究相關範疇，就不應輕易妄下判斷。不負責任的評論，不僅會傷害對方的積極性，還會讓自己顯得膚淺，失去他人的信任與尊重。正如《人性的弱點》（*How to Win Friends and Influence People*）的作者 Dale Carnegie 所說：「任何傻瓜都會批評、抱怨和譴責，而且大多數傻瓜都會這樣做。但理解和寬恕需要品格和自制力。」（"Any fool can criticize, complain, and condemn – and most fools do. But it takes character and self-control to be understanding and forgiving."）

遇到那些凡事未有足夠資料就提出批評的人，我們應學會關掉自己的「接收器」。這些人的反對聲音很容易撲熄你的積極之火，甚至磨滅你的創意靈感。所以，我們應時刻保持清醒，專注於自己的目標，並尋找真正有價值的回饋。真正的進步來自於有意義的建議，而非毫無建設性的批評。

如果真的很想發表意見，不妨參考這四大溝通黃金法則：先講對方想聽的，再講對方聽得進的，接着講你該講的，最後才講你想講的。切勿本末倒置。

62

不懂投資的人注定勞碌一生。

Those who don't understand investing are destined to work endlessly all their lives.

人生中，金錢不是一切，但它卻是生活的重要基石。如果只有賺錢的能力，卻不懂得投資，往往只能靠不停工作來維持生活，難以真正實現財務與生活的自由。

正如羅伯特·清崎（Robert Kiyosaki）在《富爸爸，窮爸爸》（*Rich Dad Poor Dad*）中所說：「窮人和中產階級為錢工作，富人讓錢替自己工作。」（"The poor and the middle-class work for money. The rich have money work for them."）大多數人只懂得用勞力和時間換取金錢，卻不懂得通過投資，讓金錢為自己產生被動收入。而懂得這門學問的富人，即使在睡覺時，其投資也能持續為他們「賺錢」。

只靠工作，不懂投資，就永遠無法擺脫財務困境。投資的意義在於，讓資金以最有效的方式運作，從而減少對體力和時間的依賴，讓財務狀況更加穩定。

我們的教育系統教會了我們如何工作，卻很少教我們如何讓錢為自己工作。因此，我們更需要在離開學校後，盡快學習理財與投資知識。如果時光可以倒流，我真希望自己在求學時期就開始學習相關知識，早些儲蓄，早些投資，早些為自己帶來被動收入。

學懂財務投資前，應先學會投資自己，多吸收知識，掌握技能。因為最重要的投資就是自己，而知識和技能是回報率最高的資產。

然而，投資並非盲目冒險，而是需要謹慎規劃與風險管理。許多人因恐懼失敗而不敢踏出第一步，但這種恐懼只是源於缺乏相關知識。最可怕的不是投資失敗，而是永遠不敢開始。

63

最快的成功「起動」方法：模仿成功人士。

The fastest way to succeed: learning from successful people.

想像你是一位演員，接到一個角色，扮演一位名人，把他的奮鬥史演繹出來。你一定會細心研究他的表情、動作和語氣，甚至代入他的思維模式，為的是讓角色更真實生動。其實，在現實中，你也可以選擇一位你欣賞的成功人士並模仿他。但和演戲不同，你要模仿的並不是外表的光鮮，而是他們的思考方式、紀律或良好習慣。

美國知名激勵演講家 Tony Robins 曾說：「如果你想成功，那就找一個已經取得你想要的結果的人，然後複製他們的做法，你就會得到同樣的結果。」(“If you want to be successful, find someone who has achieved the results you want and copy what they do and you’ll achieve the same results.”)

例如，你可以模仿梁朝偉的虛心、劉德華的努力、Kobe Bryant 的自律、Bill Gates 對學習的堅持，或 Elon Musk 的高效工作習慣。每位成功人士背後都有值得學習的特質，而這些特質往往比外在的成就更能啟發你。

還記得小時候，我常向班上英文好的同學請教作文，經同意後，抄錄他們寫得好的句子，特別是那些我不會的表達方式。抄的過程並非機械式地複製，而是進行些微調整，讓它成為我自己的東西。這種學習方式，令我當時的英文快速進步。

所有剛出生的嬰兒，不就是透過模仿學習嗎？最快的成長方式就是模仿那些比你優秀的人，把這些成功的思維和習慣套用在自己身上。當你遇到挑戰時，不妨問自己：「優秀的人會怎麼做？」這並不是盲目地模仿，而是通過學習他們的反應與行動，逐步塑造自己的成功模式。

模仿只是起點，最重要的是將學到的知識內化，變成屬於自己的能力。

64

做對的事，
但要做好付出代價的準備。

Do what's right
but prepared to pay the price.

做對的事並不總是一帆風順，因為正確的行動往往伴隨後果。例如，一位員工勇敢揭發公司內部的不當行為，可能遭到孤立，但他的行為卻促使企業改進。同樣，一名學生拒絕參與考試作弊，雖然短期內成績不如他人，甚至被小圈子排擠，但這份誠信最終會贏得老師和同學的尊重。堅守原則意味著拒絕妥協，即使因此被批評或失去短暫利益。然而，正是這些代價，讓正確的選擇更具價值。

正如美國民權運動領袖馬丁路德金（Martin Luther King）所說：「做正確的事的時機永遠是恰當的。」（"The time is always right to do what is right."）這句話強調正義和道德的重要性，指出無論情況如何，我們都應該選擇做正確的事。即使面對困難或阻力，也不應等待「完美時機」，因為正義不容拖延。行動的時機不在於外部環境是否理想，而在於內心的準備與勇氣。

當然，我們也要有心理準備，接受因堅持做對的事而帶來的挑戰與挫折。這不是軟弱，而是為了更好地堅守原則。不僅僅是憑衝動行事，而是理解並預見行為可能帶來的後果。這份準備讓我們即使身處逆境，也能堅守信念，更加從容地迎接挑戰。

像馬丁路德金這樣的領袖深知，為平等而戰需要付出巨大的代價，但他的堅毅推動了歷史的進步。這種精神告訴我們，正確的選擇或許艱難，但卻擁有改變世界的力量。

堅持做對的事，或許會一時感到孤單，但未來的回報將是內心的平靜與他人的尊重。這不僅是個人的抉擇，更是一種對社會的責任。

65

要比別人優秀，
就要贏在細節裏。

To outshine others,
excel in the details.

稻盛和夫在《生存之道》一書中說：「神就藏在細節裏。是甚麼將平凡的人變得不凡？答案是，一心一意努力不懈、認真面對每一天的能力。」即便是最普通的人，只要重視細節、全力以赴，也能成就不凡。細節不僅是一種態度，更是一種改變命運的力量。

注重細節體現在生活和工作的方方面面。比如，設計師在作品中加入巧妙的色彩搭配，讓觀眾眼前一亮；廚師用心擺盤，讓一道菜成為視覺與味覺的雙重享受；職場人士仔細檢查報告中的每一處錯誤，讓內容更清晰精準。這些細微之處或許不起眼，但卻能在關鍵時刻，讓你贏得更多機會。

專注細節等於追求完美主義？並不是。而是要在重要環節上用心。過於苛求每個細微處，反而可能導致效率低下。關鍵在於辨別哪些細節真正重要，並投入時間與精力去打磨它們。

對細節的追求亦需要耐心與專注。許多成功人士正是在細節中精益求精，最終成就非凡。例如，運動員每天練習同一個動作，改進細微的技術；作家反覆推敲一段文字，力求表達更為精確。這些努力雖然看似枯燥，但正是細節的累積，成就了非凡的結果。

當我們在細節上下功夫時，也會培養出更強的責任心與專業態度。這不僅讓我們在競爭中脱穎而出，也贏得他人的尊重。因為細節體現着對工作的重視，對品質的追求，對自我的要求。

優秀從來不是偶然，而是點滴細節的累積。

66

見微知著。

From details to truth.

「見微知著」是指通過觀察細微之處，看穿事物的本質或真相。這種能力在與人相處中尤為重要，因為世上有太多人擅長偽裝，用假面具或虛假的表現來隱藏真正的意圖。然而，無論多麼高明的偽裝，總會在不經意的細節中露出破綻。

《韓非子．說林上》中寫道：「見一葉落而知歲之將暮，睹瓶中之冰而知天下之寒。」意思是從一片樹葉的飄落，就可以預見到秋天已經過去，冬天即將來臨；從瓶中的冰結現象，可以推測天氣的寒冷。

這正是「見微知著」的思想表現，強調通過觀察事物的細微變化，推斷出更大的趨勢或全局的情況。這種思想在政治治理中尤為重要，因為君主需要從臣下的行為中察覺可能的危機與隱患，從而未雨綢繆，防患於未然。

一個人的微小動作、言語用詞，甚至是態度的轉變，往往是內心世界的真實投射。話語中不經意的矛盾可能揭示謊言；刻意的熱情可能想掩飾心中的冷漠；甚至一個不耐煩的眼神或假裝自然的笑容，都會透露出真正的情緒與想法。

要做到見微知著，需要一顆細膩的心，和專注的觀察。孔子說：「聽其言而觀其行。」例如，一個人對父母不孝，這種品格可能也會體現在其他方面，如對朋友不忠、對承諾不負責任。孝順是做人最基本的品德，從中往往能看出一個人的真實品質。

細節不容忽視，它們能讓真相無所遁形。

67

想成為有效能的人，
必須建立屬於自己的「原則」。

To become an effective person,
establish your own 'principles'.

試想一下，大多數做壞事的人，其犯事的核心原因通常離不開貪婪、不誠實或不正直這些個人缺陷。而就算是受害者，例如近年數量激增的詐騙受害者，他們的特質也類似，因為貪心、急功近利或追求以小博大而落入陷阱。無論是犯案者還是受害者，都反映出一個重要問題：缺乏基本的做人原則，或以「原則」為核心的思維模式。

Stephen Covey 在經典著作《高效能人士的七個習慣》（*The 7 Habits Of Highly Effective People*）中，強調了「原則」在個人成長中的重要地位。他指出，原則是一種自然法則，像重力一樣客觀存在，不會因個人意見或環境變化而改變。真正的高效能人士是遵循這些普世真理，而非依賴短期技巧或隨波逐流的趨勢，更不會被短期利益驅動。

當我們的行為與原則對齊時，就更有可能實現長久的成功。原則如同穩定的「指南針」，能在多變的環境中幫助我們做出正確選擇，避免在引誘或挑戰中迷失自我。如果一開始提到的那些人，從小就建立正面的原則思維，如誠實、正直、尊重、謹慎等，那麼面對任何觸碰這些原則的事或引誘，都能果斷拒絕，避免走上犯錯或「被犯錯」的道路。

以原則為導向，還能讓我們在生活細節中提升效率。例如，一個對健康有明確原則的人，能在食物選擇上清晰果斷，會為良好習慣建立規律，會對危害健康或生命的行為避之則吉，毫不猶豫。他們正是 Covey 所說的高效能人士。

想成為一位有效能的人，時間就不應浪費在無謂的事情上，更不應浪費在猶豫不決或違背原則的行為上。一個人的日常選擇和決斷，最終決定他的一生。懂得運用原則思考，意味着每一步都朝着成功邁進。

第六章

挑戰之道

比較與突破的修行

68

能力高但不成功？
可能是「賽道」限制了你。

High ability but limited success?
Your 'track' might be holding you back.

如果你希望年入百萬，那麼你就需要做那些能夠讓你年入百萬的事情。你聽說過有清潔工、服務員或外賣員年入百萬嗎？這些例子並非要貶低任何職業，而是要強調，大多數行業都有其收入的天花板。無論你多努力、多出色，如果「賽道」本身限制了收入，那麼你注定無法突破。

這就像釣魚。你想釣到大魚，就必須去有大魚的池塘。在只有「魚毛」的池塘裏努力折騰，即使再勤奮，也只能釣到「魚毛」。這並不是要鼓勵凡事只着眼於賺錢，只是以金錢作為例子，讓大家更易理解這個道理。其實，同樣的邏輯亦適用於其他領域。

一位決心想取得科研成果的科學家，應該選擇資源豐富的大學或機構工作。一位立志想影響更多人的傳教士，應該選擇人口稠密且接受度高的地區，而非偏遠且封閉的地方。你的「賽道」將決定你的最終成就。

楊紫瓊是一個典範。她從香港影壇成名後，選擇進軍荷里活，轉向更廣闊的國際賽道。相比局限於本地市場，這讓她接觸到《臥虎藏龍》等國際級作品，展現了更大的可能性。最終，她憑藉《媽的多重宇宙》榮獲奧斯卡最佳女主角獎，成為亞洲演員的一座里程碑。選擇一條更大的賽道，即使起步困難，也能帶來更多突破與成就的可能。

我們身邊一定有這樣的例子：你可能比某些人在學業或智商上更優越，但他們只是選擇了一條更好的「賽道」順勢而行，最後過得比你好。有時候，停下來審視自己的賽道，比盲目努力更重要。

69

不要被自己的年齡框着。

Don't let your age define you.

有些人 18 歲時已經老了，而有些人到了 90 歲仍然充滿朝氣和活力。這並非生理上的差異，而是一種心態的選擇，決定了我們如何看待自己的人生。

社會常常喜歡界定某個年齡段應該做甚麼：20 多歲完成大學學業、30 歲結婚成家、40 歲後不應該冒險創業、60 歲應該退休等。這些框架只是外界的標準，你的人生不是為了符合別人的期待，而是為了活出自己的價值。不要讓社會定義你的時間表。有時候，忘記自己的年齡，甚至暫時忽略那些「應該」做的事情，是讓自己活得更自由的方法。

時間是人類創造的概念，年齡亦只是一個數字，它不應該限制我們的夢想與行動。小米創辦人雷軍在 40 歲時創業，起步時不被看好，但他最終帶領小米成為全球知名的科技公司。桑德斯上校（Colonel Sanders）在 62 歲時創立了肯德基（KFC），憑藉對品質的堅持和不懈努力，將肯德基發展成為世界知名的快餐品牌。真正的青春不是由年齡定義，而是由不斷的追求與熱情塑造。行動比年齡更重要。

「甚麼年齡該做甚麼事」這些概念，只是人類為方便社會運作而定出的枷鎖。美國知名作家馬克·吐溫（Mark Twain）說：「年齡只是心態的問題。如果你不在意，它就無關緊要。」（“Age is an issue of mind over matter. If you don’t mind, it doesn’t matter.”）

只要心還年輕，人生就永遠充滿可能性。

70

不應該和別人比較，
但也不要害怕和別人比較。

We shouldn't compare ourselves to others,
yet we shouldn't fear being compared.

從小到大，我們的生活似乎離不開比較。讀書時，父母喜歡把我們和成績較佳的同學相比；畢業後，親戚朋友開始比較誰的工作更好、收入更高；結婚後，甚至會比較誰的伴侶更有錢、更能幹。比較無處不在，但它對我們的影響卻是雙面的。

人為甚麼喜歡比較？這源於人類渴望進步的本性。我們希望透過比較，找到他人身上的優勢，藉此激勵自己。然而，若過度比較，可能讓人忽略自身的特點與價值。每個人都是獨特的，若只盯著別人的優勢，而忽視自己的長處，最終只會傷害自信，甚至迷失自我。

對我來說，「比較」反而是一種動力。小學四年級，我插班就讀位於九龍塘的喇沙小學。我的同學大多家境富裕，他們擁有名牌波鞋，享有工人姐姐的照顧，甚至有名車接送。這些對當時貧窮的我而言，絕對是遙不可及。但我沒有因此自怨自艾，而是用一句口號激勵自己：「第日我實有嘅。」。

於是，我專注於自己能掌控的事情：努力讀書、善用時間、鍛鍊身體。這些不需要花錢，但卻讓我不斷進步。我明白，與其羡慕別人的條件，不如充分利用自己的資源，為未來鋪路。

回望過去，我感謝這份不害怕比較的「傻勁」，讓我從比較中找到動力，而不是被擊垮。

比較的重點在於借鑒，而非嫉妒或自卑。只要專注於自身成長，將比較轉化為力量，而非心靈負擔，你最終會看到一個更好的自己。

71

真正的同情其實很少。

True empathy is rare.

我曾經聽過一句説話：「大部份人不是對你的困難漠不關心，就是在背後偷笑。真正的同情其實很少。」這句話或許聽起來有些誇張，但它揭示了人性的一部分真相，也是一個令人遺憾的觀察。當我們面對困難時，往往渴望他人的理解與幫助。然而，事實是，大部分人忙於解決自己的問題，對你的困境不會投入太多情感，甚至根本毫不在意。

即使是朋友或同事，他們或許會禮貌地聽你傾訴，點頭慰問，給出一些泛泛的建議，但很快就會將你的苦況拋諸腦後。他們的反應更多是出於社交禮儀，而非真心的牽掛。有些人甚至會因嫉妒你的成功，而對你的挫折感到暗自滿足。這種心理並不一定出於惡意，而可能源於人性的弱點 — 嫉妒、自私或優越感的追求。

因此，我並不建議在社交媒體上頻繁分享自己的困難。雖然貼文可能獲得一些點讚或留言，但真正深入了解並提供實質幫助的人少之又少。多數人只是「食花生」，將他人的困境當作消遣。隨意分享自己的困難，不僅無助於解決問題，還可能讓人留下負面印象，覺得你是個無法處理問題的人，進而影響你的職場形象或人際關係。畢竟，大多數人更傾向於接近那些積極堅強的人，而非總是談論苦困的人。

當然，我們不能將所有人的冷漠歸咎於虛偽或惡意。很多時候，人們只是忙於自己的生活，能抽時間聆聽已經難能可貴。真正的同情需要情感、時間和精力的投入，對大多數人來説確實並不容易。

最實際的做法，還是專注於提升自己的問題解決能力吧。

72

要定時為自己製造獨處的時光。

Make time for solitude regularly.

年輕時，我發現了一條神奇的定律：每次獨處，都能帶來特別的集中力、純淨的情緒和冷靜的心態。這種狀態讓我沉穩專注，釐清目標，找到方向。回顧人生，每段獨處的時光都成為關鍵轉折點，推動了顯著的進步。

在中學和大學時期，我是籃球隊的得分主力。密集的團隊訓練固然重要，但個人突破更需要獨處時間。因此，我定期抽空獨自練習體能和技術，重複動作數百次。這些獨處訓練讓我快速進步，最終成為隊中的關鍵球員。

許多頂尖運動員同樣需要獨處，用這段時間消化技術、調整情緒，並從中獲得啟發。運動的進步雖容易量化，但我發現，獨處更大幅提升了我的思考、觀察和解決問題的能力。

獨處的價值不僅體現在個人成長，也對現代人過於忙碌的生活節奏起到調節作用。在這個資訊泛濫的時代，我們的注意力被手機、社交媒體和無數的事務分散，內心容易變得浮躁。獨處能讓我們暫時脫離外界的喧囂，重新找回對自我的掌控感。一段深度的獨處時光，能幫助我們清理思緒，釐清優先事項，並以更好的狀態應對生活挑戰。

然而，我所說的獨處，並非簡單的孤獨，而是有質量的時光——一種充電、反思和調整的方法。你可以選擇靜坐、閱讀、漫步或運動，但關鍵是放下電話，遠離干擾，專注內在。

正如畢加索所說：「沒有充分的獨處，就不可能進行任何嚴肅的工作。」（"Without great solitude, no serious work is possible."）

為自己定期製造獨處的時光吧！它是一股推動進步的神奇力量。

73

「自滿」和「自大」可摧毀任何人。

"Complacency" and "arrogance" can destroy anyone.

自滿，指的是對自己的成就，無論大小，過於滿意，從而失去進步的渴望。自滿的人往往停留在「舒適區」，認為自己已經足夠好，不需要再努力改進。然而，世界瞬息萬變，若我們不能隨之進步，最終將被時代淘汰。即使是一位專業人士，若因掌握某項技能而自滿，忽視新技術的學習，亦會很快被持續學習的人取代。自滿毫無疑問阻礙長遠成功。

相比之下，自大更具危險性，因為它不僅阻礙個人成長，還會破壞人際關係。自大的人往往忽略自己的缺點，過度高估自身能力，甚至看不起他人。他們缺乏自我反省，認為自己永遠是對的，無需聽取別人的建議或批評。除非有極大的利益關係，否則根本沒有人願意與傲慢的人合作。一個團隊若有這種人存在，必定難以成功。

自滿與自大的共通點在於，它們都源於對現狀的錯誤認知。自滿低估了外部挑戰，自大則高估了自身能力。這兩種心態不僅讓人失去學習的動機，也削弱了應對未知挑戰的能力。

要持續成長，關鍵在於保持謙虛與自省。謙虛讓我們認識到自己的不足，願意向他人學習；自省則幫助我們審視自己的行為是否得當。

正如《論語》所言：「君子泰而不驕，小人驕而不泰。」君子的「泰」是一種內心的平和與自信，源於實力與努力，但不驕傲；而小人的「驕」則是傲慢自大，缺乏真實的實力支撐，最終導致失敗。

74

時間就是金錢。
但它流失了，
賺不回來。

Time is money,
but once lost,
it cannot be earned back.

既然時間是世上最珍貴的資源，一去不返、無法重來，我們就應該善加利用，讓它為人生增添價值。那麼，該如何做到呢？

許多成功人士一致認為，關鍵在於把有限的時間投入真正重要的事情上，特別是那些能讓自己持續進步的人和事。最重要的人，不正是我們自己嗎？

我們應優先選擇能提升自己的活動，比如學習新技能、鍛鍊身體、休息身心，或建立深度的人際關係。

反觀現在的都市人，許多時間被浪費在無意義的活動上，如無止境地刷社交媒體、沉迷於毫無價值的娛樂，或陷入無效的忙碌中。

這些行為不僅無法讓我們增值，還會讓我們錯失寶貴的機會。每人每天都擁有同樣的 24 小時，差別在於如何利用它。

時間有限，「專注」成為高效利用時間的關鍵。專注的 1 分鐘，可以抵得上別人散漫的 10 分鐘。假如每天專注地進行 30 分鐘的閱讀或運動，藉由複利效應，你的智慧與體格將如滾雪球般提升。這些看似微小的持續行為，長期累積，會帶來極大收穫。

當然，善用時間不僅限於提升自己，還包括有效分配時間於工作、休息、娛樂及陪伴家人上。專注於生活中的每一刻，並將時間投入真正重要的事情，正是平庸與卓越的分水嶺。正如《富爸爸窮爸爸》（*Rich Dad Poor Dad*）的作者羅伯特·清崎（Robert Kiyosaki）所說：「富人和窮人唯一的區別在於他們如何使用時間。」（“The only difference between the rich and the poor is how they use their time.”）

75

別人會憑你的外表判斷你。
但你不要。

People would judge you by your appearance.
But you shouldn't.

研究顯示，人們在見面後的 7 秒內便會形成第一印象，而其中大部分取決於外表。無論你是否認同，這是大多數人判斷他人的方式。因此，重視個人儀表，讓自己看起來得體而自信，是與他人交往的重要一步。良好的儀表不僅能令人留下好印象，還能帶來自信，幫助我們在不同場合中佔得先機。

提升個人儀表並不需要昂貴的服飾或華麗的裝扮，而是注重整潔、得體與適合場合的穿著。例如，乾淨的衣物、良好的儀態、甚至保持微笑，都能讓人感受到你的用心與尊重。這些細微之處雖然簡單，卻能大大提升他人對你的觀感。所以，外表可以算是一張無聲的名片。

我從小到大都算是「高大清秀」那一型，經常有人讚我外表不錯。聽到這些讚美，難免會飄飄然，但我也很早提醒自己：單憑外表獲得的優勢不會持久。因為外表出眾的人很多，而外表本身並沒有真正的價值，只有內在實力才能讓你成為不可替代的人。所以，我沒有滿足於只做「偶像派」，而是努力學習、進步，讓自己成為「實力偶像派」。

外表只能告訴我們一部分的故事。就像一位衣著樸素的長者，可能擁有深厚的智慧與經驗；而一個外表光鮮的商人，內在卻可能空洞無物。所以，我們自己亦不要以貌取人。畢竟外表只是表達的一部分，真正重要的是內心的修養與品德。

外表與內在應該相輔相成，缺一不可。讓外表成為你的助力，但別讓它成為你評判他人的標準。

76

鋒芒畢露？
鋒芒不露！

Flaunt your edge?
Hide your edge!

「鋒芒畢露」常用來形容一個人展現才華、光芒四射。這種表現方式或許能吸引眾人目光，但同時也容易招來暗藏的敵意，無形中埋下隱患。

在《洞悉人性與現實的 366 權力法則》（*The Daily Laws*）中，作者 Robert Greene 講述了一個發人深省的故事：沃爾特·雷利爵士是伊麗莎白女王時代宮廷中的耀眼明星。他身兼詩人、探險家與軍事家等多重身份，才華橫溢、魅力非凡，深受女王寵愛，似乎注定要成就一番偉業。然而，他未能隱藏自己的卓越，甚至刻意炫耀多才多藝，誤以為這會贏得更多讚賞與友誼。事實卻相反，他的行為激起了宮廷中其他人的嫉妒與怨恨，無聲的敵意不斷累積，最終導致他被指控叛國並遭處決。這一悲劇告訴我們，炫耀才華不僅無助於成功，反而可能成為毀滅的根源。

Greene 進一步指出，一個人看起來比他人優秀總是危險的。他認為嫉妒會滋生無聲的敵人，並在不經意間釀成致命的後果。為了避免這種危險，我們需要學會適時淡化自己的優點，讓他人感到舒適，甚至讓他們相信自己比我們更聰明、更有見識。

適時收斂鋒芒並非壓抑能力，而是懂得在不同場合有所取捨。過於高調會讓人感到壓力或不安，而低調不張揚，則能展現你的成熟穩重。低調，其實是一種智慧。正如 17 世紀法國貴族與道德哲學家 La Rochefoucauld

所言：「隱藏自己的才能和技藝，需要極大的才能和技藝。」（“It takes great talent and skill to conceal one’s talent and skill.”）

真正的強者，不需要時刻表現自己，而是懂得何時沉默，何時行動。在適當時機，才讓自己的實力成為最有力的語言。

77

你吃甚麼、讀甚麼、想甚麼，就成為甚麼。

You are what you eat.
You are what you read.
You are what you think.

我們的生活，某種程度上來說，是由我們的選擇堆砌而成的。食物影響着身體健康，看甚麼書影響着思想深度，而腦裏經常想着甚麼則決定了我們的行動方向。這三者緊密相連，塑造了我們的內在與外在世界。每一個選擇，無論多麼微小，都足以改變我們的人生軌跡。

吃甚麼，成甚麼。我們每天的飲食，不僅會影響體型，更直接反映在體能和精神狀態上。均衡飲食，攝取足夠的維生素和礦物質，能讓身體充滿活力；而過多攝取糖分或高脂食物，則可能導致疲勞、肥胖，甚至引發慢性疾病。你的飲食選擇，成就你的健康樣貌，無法逃避也無法隱藏。

讀甚麼，成甚麼。我們所閱讀的內容、吸收的資訊，往往會潛移默化地影響我們的價值觀和行為模式。如果我們選擇閱讀積極向上的書籍或觀看有啟發性的內容，就會激發我們內心的成長。你的閱讀品味，就是你的思想高度。所以，多閱讀好書，可啟發思考，讓我們看到更廣闊的可能性。

想甚麼，成甚麼。思想是行動的起點，正面的思考能吸引正面的結果，反之亦然。吸引力法則不僅適用於我們遇到的事物和人，更適用於我們的思想。稻盛和夫在《生存之道》中提到：「人有能力實現思考的事。」，建議我們應該以未來進行式思考，相信自己擁有未發揮的潛力，並相信將來的自己一定能做到。

你今天的選擇，成就明天的你。

78

限制自己的選擇。

Limiting your choices.

有沒有發現，許多成功人士在衣著上都非常簡單，甚至可以說是乏味？以蘋果創辦人 Steve Jobs 為例，他的黑色長袖衫、牛仔褲和波鞋已成為經典標記。他的穿著之所以一成不變，並非因為缺乏品味，而是出於對時間與效率的重視。

成功人士深知，精力是有限的，他們不會浪費在瑣碎的選擇上，而是將注意力集中於真正重要的事情。減少選擇，能幫助他們在日常生活中節省寶貴的時間與心力，從而專注於推動事業與目標的成功。

知名作家兼激勵演講家 Simon Sinek 曾分享過一個與此相關的故事。他提到 1950 年代洛杉磯的一位成功鞋店老闆，經營多家女裝鞋店，並以簡單卻高效的策略聞名。當顧客試鞋時，他只提供兩雙，並告訴顧客：「如果想試第三雙，可以，但您得先決定哪一雙需要先拿走。」這個策略避免了顧客因選擇過多而感到不知所措，也有效提升了銷售量。

這位老闆的故事啟示我們：選擇過多會導致「決策癱瘓」，而通過限制選擇，反而能幫助我們更快速、更自信地做出決定。這一原則不僅適用於商業和行銷，也能運用於日常生活中，讓選擇過程更加高效。

正如 Simon Sinek 所說：「給選擇加上限制，能提升決策的有效性。」（“Adding constraints to choices can improve effectiveness of decision making.”）他更進一步指出，當面對眾多選項時，他會運用「二選一排除

法」，將選擇逐一縮減，直至只剩下最終決定。減少選擇，不僅讓我們更專注、更果斷，也避免了在無謂的猶豫中耗費精力，從而更快抵達最理想目標。

79

減少享樂，
追尋意義。

Reducing pleasure to pursue lasting meaning.

心理學家 Viktor Frankl 有一句經典名言：「當人無法找到深層意義時，就會用享樂來分散自己的注意力。」（"When a person can't find a deep sense of meaning, they will distract themselves with pleasure."）

用短暫的享樂代替深層意義的現象，常表現在對即時滿足的追求上。例如，刷短視頻、追劇、玩電玩、網購等行為，甚至可能演變成沉迷。這些活動雖能帶來即時快感，但如同毒品一般，需要不斷供應才能持續，卻難以提供長久的滿足。在現代繁忙的社會中，這種現象尤為普遍。我們被工作、娛樂和社交網絡包圍，卻很少停下來思考：我們的生活方向究竟是甚麼？

Frankl 在其著作《活出生命的意義》（*Man's Search for Meaning*）中指出，人在面臨痛苦與挑戰時，若能找到生命的意義，就能獲得足夠力量承受一切。意義是一種持久的內在支柱，而非短暫快樂所能替代。當一個人無法找到意義時，生活就像陷入無盡的循環，缺乏方向與動力。

然而，尋找意義並非易事。這需要我們深入內心，了解自己的價值觀，並為更大的目標竭力而行。這個目標可以是對家庭的承諾、對夢想的追求，或是為社會帶來貢獻。找到這樣的方向，才能讓我們感到真正的充實，免於被短暫快樂牽着走。

值得一提的是，所謂的意義不分大小。只要能讓內心感到充實，那就是屬於自己的真正意義。即使把追求金錢視為人生意義，只要以正當手法努力，這份意義同樣能成為推動自己前行的力量。

意義是快樂的根，沒有它，快樂終將枯萎。

80

觀察，
讓平凡變不凡。

Observation:
Turning the ordinary into the extraordinary.

觀察，是理解世界的第一步，也是學習的最佳起點。試想，每個嬰兒一出生，就透過觀察父母的行為和說話來學習。他們雖然還未能運用語言溝通，但憑藉觀察與模仿，就能快速掌握基本技能，成效顯著。這正是觀察力如何幫助我們學習和進步的最佳例證。

觀察，確實能加速學習的過程。我記得自己 23 歲時，第一次學車就得心應手，甚至成功「一 take 過」考取私家車及輕型貨車牌。當時學車師傅還問我是否早已懂得駕駛，而朋輩對我的泊車技術更是驚訝不已。我常笑說自己可能天生是「泊車仔」的料，但事實上，這一切歸功於我小學到中學每天坐巴士上學時的細心觀察。我喜歡坐在車頭，留意司機如何控制角度與速度。多年下來，這些觀察讓我彷彿提前學會了駕駛，證明了觀察的力量不可小覷。

細心觀察，甚至能救命。我的二哥是一名醫生，經營私人診所。有一次，一名健碩的地盤工人來求診，訴說胃痛，並表示已相繼服用了兩位醫生處方的胃藥卻無效。他自稱忍痛能力很強，但這次真的難以承受。二哥並未理所當然地再次處方胃藥，而是替他進行腹部按壓，並細心觀察反應，隨後建議他立即前往公立醫院急症室，因懷疑並非普通胃痛，而是膽囊發炎腫大壓迫胃部。一星期後，這位男士回來道謝，因為急症室醫生告知他，如果稍為延遲入院，他的膽囊可能已經爆破，隨時引發致命的腹膜炎。一點觀察，就挽回了一條生命。

只要我們願意細心觀察，世上每人每事都可以成為我們的老師。一個憑觀察得來的細微發現，足以改變一個人的命運。別讓雙眼長期停留在電話屏幕上，多關注身邊的人與事。這不僅是對自己學習的責任，亦是對他人及世界的一份尊重。

81

很簡單，
不好的東西就是不要碰。

It's simple.
Avoid what's harmful.

這個世界很奇怪，愈是對自己有不良影響的事物，往往愈具有吸引力。相信世上有造物主的人，或許會認為，這正是祂用來考驗人類的手段。就拿食物為例，從小朋友開始，我們就深深被甜的東西吸引，比如糖果、雪糕、果汁等，或者像薯片、薯條這樣的高熱量食物。

當然，考驗人類的不良事物，絕不止於食物。我父親從小就教導我要避開「嫖、賭、飲、蕩、吹」。所謂「嫖」，是沉迷於嫖妓或縱慾的行為；「賭」，是過度參與賭博；「飲」，是指酗酒；「蕩」，是行為放蕩不羈，或遊手好閒；「吹」，則是吸煙、吸毒等。我中學時期還創作了一句口號來提醒自己：「嫖賭飲蕩吹，愛上包你衰。」

很多事情在初期看似無害，甚至令人愉悅，但長遠來看卻會悄悄侵蝕我們的生活。這些不良事物往往以「短期快樂」為誘餌，讓人忽視它帶來的「長期代價」。例如，沉迷賭博或酗酒，可能一開始只是消遣，但其實是在慢慢侵蝕家庭、財富和人際關係。

但最令人切身感受到的就是健康。直到你有嚴重健康問題的一刻，你就會明白，沒有了健康，其他甚麼事情都不再重要。所以，任何需要你以健康為代價去換取的東西，無論是飲食選擇、不良嗜好，還是其他過度虛耗身體的行為，都不是好東西。

一個人想健康成長，其實不難。不需要經常想着要「做甚麼」。只要多留意「不做甚麼」，你已經贏了一大半。

我很喜歡這個小故事：有人問一位園丁，為甚麼他的植物長得如此茂盛。園丁回答：「我不逼它們成長，我只移除阻礙它們的東西。」

人生也是如此。移除那些不好的東西，你自然會茁壯成長。

82

別只是想，去做吧！

Stop thinking,
start doing!

籃球之神 Michael Jordan 曾說過：「有些人希望事情發生，有些人希望事情會發生，而另一些人則讓事情發生。」（"Some people want it to happen, some wish it would happen, others make it happen."）這句話精闢地概括了三種人面對目標的態度：空想者、嘗試者和行動者。

第一類人希望事情發生，但僅停留在幻想和渴望的階段。他們常常想像成功的場景，卻從未採取實際行動。第二類人則希望事情會發生，他們願意付出一些努力，但缺乏持續的決心和毅力，難以完成目標。而第三類人，則是那些真正讓事情發生的人。他們不僅擁有夢想，更會付諸行動，克服挑戰，把願望轉化為現實。

能成為像 Michael Jordan 那樣的第三類人當然最好，但即使做不到，也至少要成為第二類人。不要停留在空想中，一定要勇於「嘗試」，勇敢地實踐。正如個人成長暢銷作家 John C. Maxwell 在其著作 How Successful People Grow 中所說：「有意圖的行動會帶來更多可能性。」（"Movement with intentionality creates possibilities."）只有帶着計劃和目標行動，才能激發更多的機會和選擇，最終改變現狀。你想贏得獎金？至少你得先試着買張彩票吧。

我認識一位充滿活力的商人 Charles，他擁有旺盛的好奇心，熱愛學習，並重視每一個機遇。他總是評估風險，認為值得的就立即行動，毫不猶豫地嘗試。他曾說過一句令我印象深刻的話：「想，總是問題；做，才是結果。站着不動，永遠是觀眾。」每當我因拖延或猶豫不決而停滯不前時，我總會想起這句話，提醒自己勇敢地去嘗試。

即使結果未必完美，但每一次嘗試都在把你和目標拉近。

編著
林溥來（Patrick Sir）

責任編輯
李穎宜

裝幀設計
羅美齡

排版
楊詠雯

出版者
萬里機構出版有限公司
香港北角英皇道 499 號北角工業大廈 20 樓
電話：2564 7511　　傳真：2565 5539
電郵：info@wanlibk.com
網址：http://www.wanlibk.com
http://www.facebook.com/wanlibk

發行者
香港聯合書刊物流有限公司
香港荃灣德士古道 220-248 號荃灣工業中心 16 樓
電話：2150 2100　　傳真：2407 3062
電郵：info@suplogistics.com.hk
網址：http://www.suplogistics.com.hk

承印者
美雅印刷製本有限公司
香港九龍觀塘榮業街 6 號海濱工業大廈 4 樓 A 室

出版日期
二〇二五年七月第一次印刷
二〇二五年十二月第二次印刷

規格
32 開（185 mm × 130 mm）

ISBN 978-962-14-7630-2

82 課早知道

第二版